AMAR TODA LA NOCHE

AMAR TODA LA NOCHE

Descubre en ti al hombre multiorgásmico

Natalia Ortega

OCEANO AMBAR

Amar toda la noche
© Natalia Ortega, 2000

Diseño de cubierta: Enric Iborra

© Océano Grupo Editorial, S.A., 2000
Milanesat, 21-23 - EDIFICIO OCÉANO
08017 Barcelona (España)

Derechos exclusivos de edición en español
para todos los países del mundo

ISBN-13: 978-84-494-1672-9

Impreso en U.S.A. - *Printed in U.S.A.*
00172030

Índice

Introducción 7
1. El sexo al inicio del milenio 9
2. La crisis de la mediana edad 15
   Un alto en el camino 17
   Una actitud positiva ante los cambios 18
3. Sexo y salud 21
   Ejercicio físico 21
   Alimentación 23
   Un terrible enemigo: el estrés 25
   Las enfermedades de la mediana edad 28
   Algunos problemas sexuales propios
   de los cuarenta 31
4. La sublimación del sexo a través del tantrismo 39
   El sexo como religión 39
   Historia del tantrismo 42
   El control de la respiración: meditación y placer . . . 43
   El «orgasmo seco»: la fuente de la potencia sexual . . 46
5. El método Keesling 51
   Haz realidad tu fantasía 52
   Hablemos claramente de sexo 53
   ¿Estás listo para el cambio? 53
   ¿Con qué caso típico te indentificas? 54
   Descubre tu pene 56
   El entrenamiento del músculo pubococcígeo 66
   Ejercicios básicos 68
   Aprende a tocar, a sentir 71

¿Qué es la concentración sensitiva? 72

Más ejercicios para aumentar la sensibilidad 75

¿Qué hay de la erección? 84

¿Puedes alcanzar un pico? 85

Continúa con los ejercicios 86

El aprendiz de conductor en el panel de control . . 105

Tu primer orgasmo múltiple 107

Dos caminos hacia la cima 109

Un orgasmo y medio es todavía mejor que uno 115

Tres pasos hacia la alta conciencia 120

Para el autodidacta: «hazlo tú mismo» 130

Práctica, práctica, práctica 132

¿A dónde vas y desde dónde? 137

¡Éxito! 139

6. Afrodisíacos, la química del erotismo 149

Los afrodisíacos más utilizados 150

Opio, cocaína, alcohol... ¿drogas sexuales? 154

Vitaminas, minerales... y sexo 156

El erotismo de los aromas 158

Cocina erótica: seducir a través de la gastronomía . . 160

Para llenarse de energía 160

Las especialidades más tentadoras 162

Postres de la pasión 164

Conclusión 166

Direcciones de interés 167

Psicólogos 167

Sexólogos 170

Bibliografía

En inglés 173

En castellano 174

Introducción

Este libro está dedicado a los hombres que desean mejorar su relación de pareja en el campo del erotismo, si bien su lectura puede resultar igualmente interesante para las mujeres. Puede complementarse con algunos otros títulos de esta colección, relacionados también con la vida sexual.

Tanto en debates, como en los talleres de sexualidad activa que tanto interés han despertado estos últimos años, nuestra experiencia nos indica que crece un esperanzador interés por abordar con franqueza y con una mayor sinceridad los temas sexuales y su amplio caudal expresivo. Podría ser una reacción saludable ante el aumento de lo procaz en los grandes medios de comunicación. Al abrir esa caja de Pandora asistimos a una polarización entre un sexismo vulgar y un erotismo mucho más sincero que, más allá de cualquier limitación, procura acercarse al éxtasis y la liberación personal, lo cual seguramente es uno de los sentidos originales del misterio de la sexualidad.

Recordemos, de todas formas, que éste es un libro práctico. Aconsejamos constancia para practicar los ejercicios recomendados paso a paso y sin demasiada prisa. Como decía un gran sabio yogui: «un gramo de práctica vale más que toneladas de toría». Conviene poner énfasis en los pequeños detalles e insistir en la gimnasia respiratoria, las técnicas de relajación y la adopción de una actitud abierta. La satisfacción que produce el comprobar los maravillosos resultados que se producen vale la pena y se pone de manifiesto en otras facetas de la vida, lo cual retroalimenta una placentera espiral de gozo.

Ni que decir tiene que serán importantes todos los demás detalles. Por ejemplo, los relacionados con el placer de los sentidos: el cuidado del color, la luz, el sonido, los olores o los sabores, o una cariñosa atención con tu pareja: un buen aceite de masaje, las caricias, cierta fantasía... Sin embargo, en este libro nos ocupamos más directamente del sexo y del llamado orgasmo múltiple masculino: el resultado final vale la pena.

Todo ello dentro de esa increíble danza de energías que es la actividad sexual. ¡Disfrutadlo!

Natalia Ortega

Capítulo 1

El sexo
al inicio del milenio

Piensa en un día cualquiera. El agobio, las prisas y el estrés en el trabajo son, sin duda, compañeros habituales. Pero si además decides salir con los amigos y encuentras alguna chica a la que quieres impresionar, las dudas comienzan a agolparse en tu cabeza, ¿verdad? El recelo –muchas veces inconsciente– ante las enfermedades de transmisión sexual y, sobre todo, por el nuevo prototipo de hombre que se supone que atrae a las mujeres: fuerte, alto, guapo e inteligente, provoca cierta inseguridad entre los individuos de sexo masculino. El temor al rechazo o a «no estar a la altura de las circunstancias» inhibe a algunos hombres a la hora de plantearse una relación.

Sin embargo, debes pensar que lejos de ser un obstáculo, la etapa social que ahora vivimos abre perspectivas diferentes y, sin duda, mucho más enriquecedoras y excitantes en el terreno estrictamente sexual. El concepto de lo que significa ser hombre hoy –desde la oficina hasta la cama–, es radicalmente diferente al de hace unas décadas. Los roles sexuales se transforman día a día, de manera que las fronteras entre unos y otros empiezan a ser difusas. Ya no podría decirse qué pertenece exclusivamente a la sexualidad masculina y qué a la femenina. Lo que se ha dado en llamar «revolución sexual» ha provocado cambios en numerosos conceptos: hace años, muchos hombres pensaban que las mujeres eran incapaces de experimentar un orgasmo; ahora, en cambio, una mujer puede escoger su pareja sexual sin ser calificada de promiscua o «chica fácil». Todo esto ha provocado que el hombre sienta una mayor presión sobre su comportamiento sexual: ya no basta con presentarse como un entendido en la materia, además ¡hay que entender a las mujeres! Todo un reto.

Por otra parte, muchos hombres maduros desean revivir las experiencias que tuvieron en su juventud, pero no nos engañemos: la mayoría de las veces el cuerpo no nos acompaña, y esto, además de aumentar la inseguridad, produce insatisfacción. Lo que debes pensar es que sólo porque no puedas tener las mismas respuestas sexuales que cuando tenías veinte años, no significa que no puedas disfrutar ahora de una vida sexual normal y feliz.

Los mensajes que recibimos cada vez que encendemos la televisión, hojeamos una revista o salimos con los amigos nos bombardean mostrando al ideal de hombre, aquel en el que masculinidad y potencia sexual van inevitablemente unidas. ¿Y cómo afrontarlo cuando el calendario va marcando el paso de los años y la presión se hace mayor? Probablemente te has sorprendido a ti mismo pensando: «Ya no soy tan hombre como antes. Ya no funciono igual en la cama». Pues bien, lo primero que debo decirte es que, sea cual fuere tu circunstancia, no es cierto. Supera esta imagen, y deja de pensar que el sexo hace al hombre. Es más: preocuparse constantemente, competir contra uno mismo para ser un amante extraordinario en todas las ocasiones que se te presenten, puede llevarte al lado contrario del que desearías estar. El hecho de querer mostrar que todavía eres un amante perfecto e incansable puede hacerte fracasar en mitad de una historia que podrías haber disfrutado plenamente sino te hubieras dejado llevar por tu afán de rejuvenecimiento.

No hay razón para temer al sexo a medida que envejecemos, ni hay que renunciar a aprender nuevas técnicas para mejorar el placer sexual. Por el contrario, lo más importante que se puede hacer para preservar una actividad sexual sana, es practicarla tanto como se pueda; eso sí, sin obsesiones y de forma positiva. Está comprobado que los orgasmos estimulan la producción de testosterona. Se trata de un proceso de retroalimentación: un hombre sexualmente activo produce testosterona, y la abundancia de esta hormona redunda en una mayor actividad sexual. Hay además un importante factor psicológico: si disfrutas tu vida sexual, tenderás a querer continuarla.

¿Y qué significa ser un hombre sexualmente sano? Evidentemente, no sólo evitar las enfermedades o minimizarlas. Esta salud está en relación con lo que pensamos y lo que sentimos sobre el sexo y las relaciones sexuales, y sobre cómo estos pensamientos y sentimientos afectan nuestro organismo y nuestro comportamiento. Sin embargo, por lo general, los hombres no suelen preocuparse demasiado de su propia salud. Sólo buscan ayuda cuando realmente están en una crisis; prefieren esperar hasta que algo vaya muy mal antes que admitir la necesidad de chequeos preventivos.

Resulta curioso ver cómo un hombre puede prestar toda la atención del mundo a su automóvil. Cada cierto tiempo tiempo le revisa el aceite, el líquido de frenos, lo lleva al taller para que le hagan una revisión... y procura tenerlo siempre a punto para que no falle en el momento que más lo puede necesitar.

Y sin embargo, con frecuencia se olvida de sí mismo. Tu cuerpo es también una maquinaria compleja y necesita de ciertas «puestas a punto» para que no te deje tirado cuando menos lo piensas.

Si pretendes sacar todo el partido posible de tu sexualidad, es imprescindible que tomes conciencia sobre tu propia salud y tu bienestar. Piensa que el prototipo del «macho latino», para el que casi nada es un problema y mucho menos su potencia sexual, de la que fanfarroneas —en especial delante de tus amigos— ha pasado a mejor vida. Hoy las mujeres valoran en los hombres una serie de cualidades que, aunque éstos las poseen, se han visto obligados a tradicionalmente esconderlas o a disfrazarlas. Seguro que recuerdas cómo de pequeño te decían que los hombres no lloran, o que hay que mostrase duro y no dejar traslucir los sentimientos a riesgo de parecer «una nena». Pero no, los hombres también son sensibles, también se dejan invadir por la ternura, y no por ello son menos viriles. De hecho, éste es el modelo de hombre que busca una mujer, uno que sea sincero con lo que siente en cada momento, y que no se avergüence de mostrar sus emociones. Ya ves que los cambios de ideas, costumbres y mentalidades también tienen consecuencias favorables.

Seguramente, en la relación con tu pareja, has ejercido tu papel de hombre «como Dios manda», siendo el primero (y en la mayoría de los casos, el único) en tomar la iniciativa en el sexo. ¿No te cansa ser siempre quien tiene que dar el primer paso? ¿No te parece un aliciente el hecho de que la mujer pueda proponer encuentros sexuales? Ya que un hombre y una mujer que conviven comparten responsabilidades en muchos aspectos de su vida, ¿por qué va a ser el sexo una excepción? Liberarse de las presiones de los roles establecidos es, sin duda, estimulante y hace del sexo algo más imaginativo y flexible. Aunque el camino no es sencillo. Cuesta trabajo romper los esquemas que hemos aprendido desde pequeños y con los que hemos compartido toda nuestra vida. De todas formas, una vez que hagas el primer movimiento en esta dirección verás como todo se vuelve mucho más fácil.

De todo esto trata este libro. Está destinado en especial a los hombres que han superado la mítica barrera de los cuarenta; pero la mayoría de la información que aquí se recoge es útil para todos. La mediana edad es una época de la vida en la que se es particularmente vulnerable a los cambios físicos y emocionales, uno se siente más sensibilizado con este tipo de temas porque siente que le conciernen de forma directa, pero no es necesario estar atravesando un bache para leer este libro.

La intención, al escribirlo, es que pueda servir de ayuda a todo hombre que haya decidido que el éxito de su vida sexual depende de él mismo, y que quiera realmente avanzar en sus posibilidades como amante para disfrutar y hacer disfrutar a su pareja. Por eso, aquí encontrarás consejos e instrucciones que, con un poco de constancia, harán de ti un hombre capaz de hacer realidad el título de este libro: amar toda la noche.

Capítulo 2

La crisis
de la mediana edad

Se ha hablado mucho sobre la famosa «crisis de la mediana edad» o lo que es lo mismo, la mítica barrera de los cuarenta. En estos momento es habitual que el trajín diario de las obligaciones familiares y laborales nos provoque un cansancio mayor que en otras ocasiones, que practicar algún tipo de deporte nos haga sentir más agotados y, sobre todo, dos preocupaciones comienzan a hacerse presentes: los cumpleaños que se avecinan y el hecho de no levantarse cada mañana con una erección rampante. ¿Me equivoco?

El cine nos ha ofrecido numerosos y divertidos ejemplos de individuos que atraviesan por una experiencia similar. Uno de los más inolvidables es la película *La tentación vive arriba*, donde un hombre casado, de unos cuarenta años, ve asediada su conciencia de marido responsable por una atracción inevitable hacia su irresistible vecina, una despampanante jovencita, interpretada por Marilyn Monroe.

Y es que los cuarenta llegan a suponer toda una meta en la conciencia masculina. Se supone que entonces hemos alcanzado una serie de logros sociales y profesionales y surge entonces un sentimiento de nostalgia sobre la juventud, los añorados veinte, cuando éramos capaces de comernos el mundo de un solo bocado.

Muchos hombres sienten la necesidad de demostrarse a sí mismos y a los demás, que su virilidad sigue en pie como en los mejores momentos. ¡Como si los años de trabajo, de estrés y las obligaciones de todo tipo no se cobrasen su tributo! Se rebelan contra el cansancio, contra los primeros signos de envejecimiento y con frecuencia someten su estatus vital a un riguroso examen en los más diversos aspectos: profesional, sentimental, familiar... Pero ¿qué hay de mito y qué de realidad en esta famosa etapa? ¿Es el equivalente exacto de la menopausia femenina? ¿Se puede hablar definitivamente de andropausia con todas su consecuencias?

En primer lugar, es evidente que la andropausia no conlleva cambios físicos tan radicales como la pérdida de la menstruación en las mujeres, pero también es cierto que los hombres pueden experimentar igualmente el sentimiento de cambio, de finalización de una etapa y de ingreso en otro momento vital que en adelante va a imponer sus propias condiciones. Es más: la andropausia, para algunos hombres, puede ser realmente traumática porque han sido educados, tradicionalmente, para ocultar sus emociones y mostrarse siempre invulnerables. Quizá por ello los hombres manifiestan menos crisis vitales que las mujeres. La tendencia de ellas a caer en una depresión es mucho mayor que en los hombres, pero, ¡ay, si se presentara una! Las consecuencias pueden ser mucho más espectaculares.

Pero no seamos tan drásticos. La mayoría de los hombres sienten que algo ocurre con su vida porque están cansados, porque su vigor ya no es el mismo de los 25 ó 30 años, porque su libido disminuye, porque sus erecciones ya no son precisamente espectaculares, y porque quienes les rodean, divertidos, sentencian: «¡estás en plena 'pitopausia'!».

Un alto en el camino

Si perteneces al grupo de hombres que ha empezado el siglo XXI en la cuarentena (o algunos más...) necesitarías pararte un momento a reflexionar sobre ti mismo. Un alto en el camino para tratar de entender tu propio desenvolvimiento nunca está de más. Quizás hayas encontrado un hueco para hacerlo y te hayas replanteado tu situación laboral las relaciones con la familia, los amigos... pero ¿y, el sexo? Sí, el sexo es algo que gusta, que se siente y se desea, pero ¿cuántas veces has puesto en orden tus propios pensamientos sobre este tema, tan importante para tu bienestar físico y mental?

Te propongo que le eches un vistazo a las preguntas que vienen a continuación. Pueden ser una buena forma de comenzar a darle vueltas en tu cabeza.

- ¿Cuál es tu primer recuerdo relacionado con el sexo?
- ¿Cómo definirías la clase de educación sexual que recibiste: moderna, anticuada, represiva...?
- ¿Qué fue lo más divertido que aprendiste sobre el sexo a medida que crecías? ¿Y lo más difícil?
- ¿Cómo fueron tus primeras experiencias sexuales con otras personas? ¿Positivas, decepcionantes, dolorosas?
- ¿En qué medida crees que tus creencias y tu educación han influido en tu opinión sobre el sexo?
- ¿Cómo crees que ha cambiado la expresión de la sexualidad en la sociedad con el paso de los años?

- ¿Qué clase de ideas sobre el sexo crees que has asimilado por el hecho de ser un hombre?
- ¿Qué ventajas e inconvenientes tiene actualmente ser un hombre de mediana edad?
- ¿Qué importancia tiene el amor para ti?
- ¿Ha cambiado en algo tu vida el nuevo papel de la mujer en la sociedad?
- ¿Cómo puntuarías (del uno al diez) tu vida sexual en este momento?
- ¿Qué es lo que más te gusta del sexo actualmente? ¿Y lo que más te preocupa?
- ¿Qué aspectos de tu vida necesitan una mejoría urgente?
- ¿Cómo ves el sexo en tu vida de cara al futuro?
- ¿Qué medidas podrías tomar hoy para garantizar tu salud sexual dentro de unos años?

Estas preguntas no te darán unas conclusiones definitivas pero, desde luego, son el primer paso para comenzar una reflexión seria y sincera acerca de qué ha sido y qué es el sexo para ti. Una buena idea es compartirlo con tu pareja y contestar ambos al cuestionario. De él podréis extraer conclusiones que os permitan conoceros mejor: no olvidéis que el diálogo y la comprensión entre dos personas son imprescindibles para una vida sexual plenamente satisfactoria.

Una actitud positiva ante los cambios

No hay duda de que la mediana edad supone para los hombres un momento de cambio. A los treinta años es momento de sentar la cabeza, de mantener una relación estable, de encontrar un buen empleo que permita afrontar el pago de una hipoteca... A los cuarenta y tantos, dicha etapa debe estar ampliamente superada; la vida del hombre está configurada por un matrimonio consolidado, una vida familiar reposada, los hijos... O bien por todo lo contrario: crisis matrimonial, «canas al aire», separaciones y divorcios...

La incertidumbre, el temor y la inseguridad pueden apoderarse del hombre si entra en contacto con mujeres que exigen de él multitud de cualidades y habilidades: hay que ser inteligente, culto, brillante, con sentido del humor, y, por si fuera poco, un supermán en la cama. ¡Demasiado para el hombre «estándar», acostumbrado a ser el rey de su casa, a mantener a su esposa e hijos y a ser respetado por éstos como el cabeza de familia!

Si efectivamente atraviesas un momento complicado, no te desesperes. Lo que suele ocurrir es que nuestro espíritu y nuestra mente se sienten jóvenes, llenos de energía y vitalidad, pero nuestro cuerpo no les acompaña. Piensa que cuerpo y mente son partes indisolubles de una misma unidad y que cualquier desequilibrio entre ambos es fuente de trastornos de todo tipo. El tan cacareado declive de la masculinidad en los hombres de mediana edad puede ser más fruto de la percepción que éstos tengan de sí mismos al entrar en su etapa de madurez, que a un descenso real de facultades físicas. Vivimos en la era de la imagen externa, en la que los patrones de belleza responden a un modelo de juventud y perfección poco compatibles con la incipiente calva o con los excesos de grasa que el espejo, inclemente, devuelve como imagen de nosotros mismos.

Que haya cambios en la vida no se puede evitar; que esos cambios se conviertan en traumas, sí es posible evitarlo. Piensa en positivo, valora lo que has conseguido hasta ahora, y mira hacia delante con ansias de mantener lo bueno y de mejorar aquello que esté en tu mano, con voluntad firme y espíritu optimista.

Incluso las crisis tienen algo bueno, obligan a enfrentarse cara a cara con los problemas: hacerlos aflorar al exterior es la única manera de ponerse en camino para encontrarles la solución adecuada. No valen las tapaderas, las excusas y los autoengaños. No se consigue nada callando y diciendo a todo el mundo «estoy bien, no me pasa nada», cuando lo evidente es todo lo contrario. En esos momentos lo mejor es aceptar la mano que tienden los demás en lugar de refugiarse en sí mismo. Contra todo aquello que te han enseñado, esto supone fuerza y valentía, nunca debilidad. Olvida el arquetipo del supermacho invulnerable y pide ayuda si la necesitas. De todas formas, no hay que dramatizar: es mucho lo que puedes hacer por ti mismo. En este libro encontrarás consejos para mejorar tu salud y tu vida sexual. Podrás, si lo deseas, convertirse en un hombre multiorgásmico. ¿Lo habías imaginado alguna vez? Mira hacia delante, siéntete seguro de ti mismo y confía en tus muchas posibilidades. ¡Ser un hombre maduro no está tan mal, después de todo!

Capítulo 3

Sexo y salud

Sin una buena salud no hay sexo. Ya lo hemos dicho antes y además debes haberlo escuchado cientos de veces, pero no está de más reflexionar un poco sobre los principales factores que influyen en el estado físico de las personas. Si perteneces al club de los perezosos, o de los que no pueden renunciar a ciertos caprichos culinarios, ten en cuenta que los beneficios de una vida sana compensan con creces los pequeños sacrificios que tengas que hacer. Y recuerda: un cuerpo sano y armonioso es un cuerpo deseable y preparado para el sexo. ¿Qué mejor motivación deseas?

Ejercicio físico

Seguramente tienes algunos recuerdos memorables de tu vida sexual. Historias de intenso amor adolescente, eternas sesiones de apasionada e inagotable actividad sexual... ¡Pero forman parte del pasado! Después de todo, los años han ido pasando. Eres más sabio pero también cuentas con más obligaciones. Posiblemente, con algún hijo en casa. ¿Cómo afrontar las responsabilidades de la vida profesional y familiar, y además tener ganas de practicar el sexo por las noches? Obviamente, la buena salud, el bienestar físico, es uno de los más potentes afrodisíacos que existen. Después de un día de trabajo agotador, la sesión en el gimnasio y una cena opípara ¿a quién le quedan ganas de nada, sino de llegar a la cama y dormir? Sin una adecuada forma física, sin una percepción satisfactoria del propio cuerpo es imposible gozar de una buena actividad sexual.

¿Necesitas más razones para convencerte? Éstos son algunos de los numerosos beneficios que una buena salud física te proporcionará para mantener unas relaciones sexuales satisfactorias:

- El ejercicio físico contribuye a la producción de esperma. Éste es un dato no desdeñable por cuanto el hombre medio actual produce algo menos de la mitad de espermatozoides que el de hace unos cincuenta años.
- El ejercicio beneficia la autoestima. Con una buena imagen, uno se siente mejor consigo mismo, lo que facilita el mantenimiento del apetito sexual.
- Otro efecto de la actividad física es el aumento de los niveles de producción de testosterona, la hormona responsable del comportamiento sexual, tanto en hombres como en mujeres.

Algunos hombres quieren comportarse en la cama como atletas, pero no lo son. Es más, su forma física deja bastante que desear. Si se quiere hacer el amor de manera agotadora, se necesita cierto nivel de preparación. El sexo es, después de todo, una actividad física más.

Es aconsejable practicar una actividad aeróbica durante veinte o treinta minutos, por lo menos tres días a la semana. Por ejemplo, correr, nadar o subir escaleras son actividades sencillas que producen el efecto deseado. Ahora bien, no hay que precipitarse: demasiado ejercicio físico puede acabar con tu actividad sexual. sino estás acostumbrado y te lanzas de repente, una sesión maratoniana en el gimnasio puede significar un agotamiento tal que al día siguiente te sea imposible moverse. En consecuencia, hay que proceder con prudencia. Se trata de que mejores tu forma física gradualmente, sin prisas y sin someter al cuerpo a una actividad descompensada que no puedas sobrellevar, especialmente después de un largo período de vida sedentaria. Así que nada de hacer *footing* hasta quedar extenuado, o de exigirte en el gimnasio. Acude a tu médico para que te aconseje sobre el tipo de ejercicios más adecuado a tu edad y forma física. También en los gimnasios, los monitores pueden elaborarte una «rutina» de ejercicios que mejorarán tu tono muscular y tu resistencia física.

Alimentación

Hay un libro fantástico de una escritora mexicana: *Como agua para chocolate*, de Laura Esquivel. En él se recrea poéticamente un secreto que los buenos amantes conocen desde hace tiempo: el erótico poder de la comida. En uno de los apartados, la protagonista prepara una tarta nupcial que misteriosamente provoca en todo el que la prueba la añoranza de sus amores perdidos, y otra de las recetas que la joven prepara despierta el deseo ardiente del joven que es objeto de su amor.

Seguramente habrás sucumbido más de una vez a la tentación de preparar una velada romántica –velas incluidas– para una persona especial. Y uno de los componentes destacados de la noche, con el que pretendías impresionar a tu conquista, era el menú. Unos platos que tenían el único propósito de dejar boquiabierta a tu pareja.

Por otra parte, la creencia de que las formas de los objetos eran indicadoras de los poderes que poseían, es muy antigua. Se trata de la llamada «teoría de las similitudes». Por ejemplo, la forma fálica del cuerno de rinoceronte demostraba que poseía el poder de estimular la potencia sexual.

Desde una perspectiva más racional, la relación entre la comida y el sexo radica simplemente en que una persona sana y bien alimentada tiene más posibilidades de pensar en el sexo que quien no lo está.

Quizá lo más razonable no sea el apasionado romanticismo de la novela de la autora mexicana ni la obviedad de los cuernos de rinoceronte. Pero no podemos ignorar que existe una conexión entre la alimentación y el erotismo. La comida es un excelente preludio para el sexo y las sustancias químicas de los alimentos afectan el humor y el funcionamiento del cuerpo. Algunos investigadores creen incluso haber hallado las causas de la vieja relación entre sexo y chocolate. Parece que éste contiene gran cantidad de fenilanina, un tipo de aminoácido que aumenta el nivel de endorfinas en el cuerpo, que constituyen los antianalgésicos y antidepresivos más naturales.

En el apartado «Afrodisíacos: la química del erotismo», en la parte final del libro, encontrarás numerosos consejos sobre el uso de los alimentos para mejorar tu vida sexual. En cualquier caso, lo más aconsejable es acogerse a una dieta sana, que mantenga a raya la obesidad y proporcione al cuerpo las sustancias imprescindibles para mantenerse sano; esto favorece el buen humor, el optimismo y las ganas de disfrutar de la vida y del sexo.

Si tienes tendencia a la obesidad, aprende a comer racionalmente. Tranquilo, no se trata de que te prives de los pequeños caprichos o de que pases hambre, pero no engullas grandes cantidades de comida como si tu estómago fuese un pozo sin fondo. No hay duda de que somos lo que comemos. Piensa que la comida es algo que formará parte de tu cuerpo, de ti mismo, en cuanto la ingieras. Imagina cuáles serán sus efectos en tu organismo, y visualiza las grasas depositándose en tu abdomen, aumentando esa famosa «curva de la felicidad» que, según la tradición, todo hombre empieza a exhibir pasada una cierta edad. Seguramente te lo pensarás dos veces, la próxima vez, antes de llegar al hartazgo.

Un terrible enemigo: el estrés

La noche parece un momento adecuado para el sexo. La luna ilumina la tranquilidad de la noche, te encuentras en la cama, a sólo unos centímetros de tu pareja, tus hijos están durmiendo... y de repente un terrible pensamiento te asalta. Desafortunadamente, la noche también es el tiempo de preocuparse por el pago mensual de la hipoteca, para enfurecerse recordando la bronca del jefe... ¡Y la libido va desapareciendo! Por eso, muchas personas prefieren dormir cuanto antes para olvidar sus preocupaciones, en lugar de optar por el somnífero más efectivo: el sexo satisfactorio.

No se trata de masoquismo, sino de la incapacidad de evitar pensar en todas las preocupaciones que asaltan a cualquiera en la vida diaria. En efecto, el estrés se ha convertido en una de las principales barreras para el deseo sexual y sus efectos pueden ser devastadores, tanto para los hombres como para las mujeres. El estrés puede ser provocado por diversas causas externas como los problemas económicos o laborales, los conflictos con los hijos... o por motivos internos, aquellos que uno mismo se impone o alimenta.

Hablando de sexo, el estrés interno lo provoca la ansiedad ante la actuación sexual. Es el deseo de hacerlo siempre bien, de satisfacer a la pareja completamente, de responder al ideal, que se supone que ésta tiene, de lo que es un amante perfecto. ¿Reconoces este pensamiento? Este tipo de estrés es especialmente agotador. Se supone que debes ser el más potente en la cama, de manera que cuando no puedes conseguir o mantener una erección, empiezas a estresarte, lo que no hace sino empeorar las cosas. Hormonalmente, el estrés produce todo un conjunto de cambios en tu cuerpo, de los cuales es significativo el descenso de los niveles de testosterona. Queda claro, pues, que es conveniente disminuir el grado de estrés para evitar problemas sexuales y de salud en general. Esto significa que tendrás más energía por la noche y, por tanto, más capacidad para dedicarte al sexo.

A continuación verás algunos métodos para que consigas liberarte de este tipo de estrés.

- Toma perspectiva: mucha gente tiende a organizar su vida alrededor del trabajo cotidiano y las complicaciones que éste conlleva, pero piensa un momento con frialdad: ¿es realmente tan importante? Por supuesto que te realiza personalmente, pero no debe convertirse en el centro principal de tus preocupaciones. Intenta recordar alguna situación en la que te sintieras muy nervioso (un discurso en público, una reunión importante en el trabajo...). Saliera bien o mal, la sensación de estrés que te paralizaba, ha pasado. Superaste el trance por ti mismo, y aquí estás, sano y salvo. El estrés no es tan malo como parece. Simplemente hay que aprender a observar los acontecimientos y a uno mismo desde una perspectiva más amplia.

- Identifica y practica las actividades que te relajan. A algunos les encanta correr y a otros tomar un baño caliente o meditar. ¿Tú que prefieres? Una actividad relaja verdaderamente cuando eres capaz de perderte en ella, de manera que lo que parecía tan increíblemente importante desaparece del pensamiento. Trata de averiguar –sino lo sabes ya– qué te ayuda a evadirte del mundo y te conduce a ese oasis de paz mental del que no querrías salir jamás. Concédete tiempo para disfrutarlo.

- Haz ejercicio: además de mantener el corazón sano y de quemar grasa, el ejercicio elimina las hormonas del estrés del cuerpo y libera endorfinas, que son las causantes de la sensación de bienestar.

- Olvida temporalmente el sexo: que no te apetezca constantemente no significa que seas menos hombre. Por el contrario, es una prueba de madurez y serenidad que sí aportan los años y la experiencia. Ahora descubres que no es necesario pasarse todo el día obsesionado con el sexo, como cuando tenías dieciocho años, y descubres alternativas al coito que te ayudan a profundizar en otros aspectos de la intimidad con tu pareja. A veces basta con darse mutuamente un masaje o simplemente con yacer uno en brazos del otro, y esto resulta plenamente satisfactorio.

- Recurre a la masturbación. Seguramente recuerdas cómo de pequeño te decían que masturbarse era algo negativo y que podía ocasionarte ceguera y otro tipo de males. Ya ves que no ha ocurrido así. Hay que romper la vieja creencia de que masturbarse es algo vergonzoso. Para una persona estresada, la masturbación puede ser una manera excelente de relajarse y de conectar con el propio cuerpo. El orgasmo, incluso si es producto de una masturbación rápida, resulta extraordinariamente liberador.

Las enfermedades de la mediana edad

Parafraseando el viejo latinismo que ya debes conocer «*mens sana in corpore sano*», podríamos decir aquí «sexo sano en cuerpo sano». Piensa por un momento: si un simple estado gripal nos vuelve inapetentes, ¿qué no harán una tensión arterial por las nubes, o una artritis? No te alarmes, no quiero meterte el miedo en el cuerpo. Tan sólo quiero que conozcas los riesgos que el abandono de tu cuerpo puede llegar a ocasionar en tu comportamiento sexual. Si los sabes, podrás actuar a tiempo.

Enfermedades cardiovasculares

Muchos hombres occidentales de mediana edad están preocupados por su salud cardiovascular. Y no es para menos: las enfermedades cardíacas se ceban especialmente en el sexo masculino, sobre todo a partir de la cuarta década de la vida. La obesidad, el tabaco, la hipertensión o el estrés son de por sí peligrosos, pero juntos forman una combinación nefasta que desemboca en el temido infarto. No queremos ponernos trágicos, pero podemos afirmar que sobrevivir a un ataque cardíaco repercute necesariamente en la vida de cualquier persona y por tanto, afecta su comportamiento sexual. No es de extrañar que muchos hombres se sientan angustiados tras un infarto y den el sexo por perdido, por temor a una recaída. Sin embargo, no es obligatorio recluirse en un monasterio y hacer voto de castidad perpetuo. Si puedes volver a conducir tu coche o subir escaleras, ¿por qué no vas a seguir disfrutando de una adecuada actividad sexual? Puede influir más negativamente la preocupación por «volver a ser un hombre» que si te dedicas a mantener relaciones sexuales con tu pareja. A ver, tendrás que tomar algunas precauciones, no podrás pretender ser un gimnasta en la cama y hacer miles de acrobacias, pero bien pensado ¿son tan importantes? ¿No es mejor tomárselo con calma y disfrutar pausadamente de las sensaciones placenteras que el sexo te ofrece? El bienestar que obtendrás de esta manera contribuirá, sin duda, a tu restablecimiento.

Hipertensión

Éste es uno de los enemigos que acechan la salud de tu corazón. Volvemos a insistir en el estrés, las preocupaciones, la ansiedad... Pero es que son ellos los aliados de la hipertensión, y muy poderosos, por cierto. Así que ya lo sabes: el riesgo de un infarto se mantiene. Controla periódicamente tu tensión –puedes hacerlo tú mismo o acudir a una farmacia– y, si tu médico lo juzga necesario, toma los medicamentos oportunos. Infórmate de los efectos secundarios que pueden provocar en tu organismo; algunos fármacos producen cansancio físico, lo que podría incidir en tu apetito sexual. Si eres hipertenso, no olvides que debes aprender a llevar un ritmo de vida con menos tensiones, a tomarte las cosas con calma y perspectiva, anteponiendo por encima de todo tu salud.

El sexo puede convertirse en un buen aliado para liberarte de las tensiones; si te resulta beneficioso mentalmente, si te sientes mejor después de practicarlo, no renuncies a él. Un buen orgasmo proporciona siempre una sensación de liberación que no hay que desestimar.

Esclerosis múltiple

Se calcula que un 65% de los hombres afectados por la esclerosis múltiple tiene dificultades para mantener una erección y el 25% aproximadamente se vuelve impotente. Como en el caso de otras enfermedades, el factor psíquico juega un papel esencial en todo ello. Ciertos medicamentos y los implantes en el pene pueden ayudar en estos casos. Es evidente que el sexo pierde parte de su espontaneidad, pero no tiene porqué resultar menos placentero. Además, se debe aprender a desechar la idea de que únicamente la penetración produce placer y que sólo a través de ella se llega al orgasmo. Existen otras alternativas, como el sexo oral, la masturbación mutua, que pueden satisfacer por completo. Sólo tienes que descubrirlas.

Artritis

Te sorprendería saber que un alto porcentaje de la población padece artritis (en mayor o menor grado) a medida que envejece. El dolor llega a incapacitar a algunos para desarrollar ciertas actividades y las relaciones sexuales pueden resultar afectadas. Lo bueno que tiene el sexo es que no existen reglas para practicarlo, así que tan sólo se trata de encontrar las posturas que te resulten más cómodas. Quizás encuentres molesta la tradicional postura del misionero, pero otras garantizan una mejor satisfacción, como aquellas en las que el coito tiene lugar de lado o con la mujer colocada encima del hombre.

Obesidad

En la sociedad actual, el hecho de estar más rellenito de lo que se considera normal es fuente de problemas. Parece que todos deberíamos lucir unos cuerpos esculturales, dignos de las más hermosas figuras griegas: atléticos, bien proporcionados... ¡Eh! Este problema afecta a cualquier edad y a ambos sexos, pero, indudablemente, el exceso de peso cuando has cumplido los cuarenta puede ocasionarte trastornos físicos y psíquicos de cierta importancia. No se trata de que consigas un cuerpo como el de los actores de moda o los modelos publicitarios. Pero sí de liberarse del sobrepeso y de los efectos negativos que éste tiene sobre tu salud.

Entre los riesgos que acechan está la aterosclerosis, que obliga al corazón a trabajar en exceso para sobrellevar cualquier actividad física, incluida la sexual. El obeso se cansa antes, su agilidad disminuye; durante el coito, la obesidad puede hacer que algunas posturas resulten realmente incómodas. Y por si fuera poco, estar gordo no contribuye precisamente a aumentar el atractivo físico personal, cosa que supone una dificultad añadida para muchas personas a la hora de entablar relaciones sexuales. Piensa en tu salud y controla tu peso; cuida tu alimentación y no te entregues a una vida sedentaria: tu corazón y tu pareja te lo agradecerán.

Algunos problemas sexuales propios de los cuarenta

Hasta los cuarenta años (más o menos), los hombres no suelen preocuparse por su salud. Mientras se encuentran bien, no sienten la necesidad de acudir a tratamientos preventivos, ni de someterse a revisiones médicas. Pero con la madurez se inicia el proceso de caída del tono vital, aparecen los primeros achaques... estas señales que el cuerpo nos envía son mensajes pidiendo ayuda, y no queda más remedio que prestarles atención. Las consecuencias de llevar una vida agitada, del estrés, de la falta de ejercicio físico, de la mala alimentación... se hacen más notorias en la madurez. No puedes seguir bebiendo, fumando, comiendo patatas fritas o trasnochando, continuamente. Olvídate de tumbarte en el sofá al llegar a casa, pedir una pizza y lanzarte sobre el mando a distancia del televisor. Ten presente que si tu salud se deteriora, tu vida sexual puede sufrir graves problemas.

A continuación vamos a repasar algunas cuestiones que, aunque pueden afectar a hombres de todas las edades, suelen presentarse con mayor frecuencia a partir de los cuarenta. Toma nota de los consejos que te ofrecemos y ten en cuenta que una buena prevención supone haber recorrido la mitad del camino en la lucha contra una posible enfermedad.

El proceso de envejecimiento

Te propongo un ejercicio para desarrollar con tus amigos. Espera a encontrar el momento oportuno en una reunión, conduce la conversación hacia el paso del tiempo, los años que se van cumpliendo... y pregúntales cómo ven ellos la relación entre sexo y edad. Casi todo el mundo respondería que en la vejez, la vida sexual prácticamente no existe. Otro resultado que podríamos asegurar previamente es éste: hacia los cincuenta años, empieza el inevitable declive de las facultades sexuales. Pero no son los únicos, la mayoría opina como ellos. ¿Tú no? Quizá te niegues a admitirlo, pero en el fondo crees que es así.

La verdad es que harías bien en seguir tus intuiciones y negar esas afirmaciones. Te sorprenderías de la capacidad sexual que se llega a tener a partir de los cincuenta, y no te hablo de piruetas sexuales, sino de relaciones satisfactorias y plenas. Es evidente que el sexo no es sólo para los jóvenes, aunque durante la andropausia se alarga el lapso de tiempo en reposo que necesita el hombre entre erección y erección y además, suelen ser menos intensas. Ahora bien, pese a todos los estereotipos sociales y culturales que hacen de la sexualidad un coto privado para gente menor de cuarenta años, a ser posible guapa y delgada, la mediana edad puede ser un período vital de magnífica actividad sexual. Lo importante es no dejarse llevar por el poder de las creencias y costumbres estandarizadas de la mayoría que generan complejos inútiles: un hombre maduro que quiere seguir explorando su sexualidad ¡no es un maníaco sexual, ni un viejo verde! ¿Porqué no puedes disfrutar de una vida sexual sana y activa, si eso es lo que sientes? Piensa que si lo haces lograrás alcanzar un equilibrio físico y psicológico que la mayoría de tus amigos envidiarán.

El fantasma de la impotencia

Cada vez que un hombre mantiene relaciones sexuales siente un temor –consciente o no– de no poder conseguir o mantener una erección. Es posible que hayas pasado por ello alguna vez, la gran mayoría experimenta algún episodio de impotencia a lo largo de su vida. A pesar de que la mayoría de las mujeres trata de relativizar la situación, y no darle trascendencia, puede convertirse en una obsesión. Por lo general, son situaciones aisladas que suelen mantener ocupada tu cabeza durante unos días, o una semanas, hasta que las cosas vuelven a funcionar como tú esperabas. Pero el miedo está ahí, y se acrecenta a medida que pasa el tiempo. Pero ¿sabías que siempre que un hombre que mantiene una buena salud, puede tener erecciones hasta los ochenta, incluso hasta los noventa años?

Las causas de la impotencia son de dos tipos: físicas y psíquicas. Entre las causas físicas cabe citar el abuso del alcohol, el consumo de drogas, la diabetes, los problemas de tiroides, entre otros. Pero son los aspectos de tipo psíquico los que suelen originar un episodio de impotencia. La ansiedad, la inseguridad acerca del propio aspecto físico, sobre cómo actuar para satisfacer a la pareja, generan unos primeros contactos sexuales insatisfactorios o traumáticos.

Un cambio repentino en el modo de vida, un contratiempo, una preocupación intensa o un estado de nerviosismo pueden provocar una situación de impotencia en hombres perfectamente sanos. Lo primero que debes hacer es mantener la calma: no se hunde el mundo por un simple «gatillazo». Olvida los pensamientos negativos que se agolpan en tu cabeza: no has fallado, no eres menos hombre, ella no se siente defraudada... Relájate y piensa un poco en cuáles pueden ser los motivos reales de esa situación y trata de solucionarlo. Quizás alguno de los que hemos expuesto anteriormente. La incomunicación o el aburrimiento con tu pareja tampoco contribuyen a que consigas unas erecciones espectaculares.

Los hombres impotentes o de edad avanzada estaban, hasta hace poco tiempo, injustamente condenados a sentirse «menos viriles». Los laboratorios médicos han desarrollado un fármaco que puede ayudar a conjurar este problema: la ya popular Viagra, o «pastilla azul», es un medicamento útil para incrementar el flujo de sangre en el pene y producir una erección, aunque no está de más consultar con tu médico sobre su conveniencia.

El problema físico aparece así resuelto, pero ¿qué pasa con las causas mentales del problema? La cuestión se complica, porque recuerda que has sido educado para valerte por ti mismo y no solicitar ayuda emocional, y menos aun en una cuestión que compromete tan directamente tu propia masculinidad. Si el cuerpo dice «no» al sexo, sin duda hay alguna causa escondida que hay que tratar de encontrar. El diálogo y la terapia sexual son imprescindibles en estos casos para recuperar la potencia sexual que tanto influye en la autoestima masculina.

Probar ciertos afrodisíacos puede resultar útil, sobre todo en casos de inapetencia ocasional y de erecciones débiles por cansancio, monotonía o aburrimiento.

Hay otras soluciones más drásticas, como las quirúrgicas, que también existen. Consisten en implantes de silicona en el tejido eréctil del pene. Obviamente, se trata del último recurso, en casos de impotencia realmente graves.

Cuando ya no te apetece...

Lo más probable es que conozcas algunos chistes sobre la falta de deseo sexual en la mujer, como la famosa excusa de «cariño, hoy también me duele la cabeza» y frases similares. Si te fijas, verás que no ocurre lo mismo con los hombres. Se supone que «ellos siempre tienen ganas». Pero, ¿qué pasa sino es así? No es descabellado afirmar que prácticamente todo el mundo experimenta inapetencia sexual en algún momento de su vida. Es algo normal, no es obligatorio «tener ganas» continuamente. Esto sólo se convierte en un problema cuando el hombre –o la mujer– lo siente como tal. Como la impotencia, la inapetencia sexual puede tener su origen en causas físicas –cansancio, falta de ejercicio físico– pero de nuevo el factor emocional resulta decisivo.

No hay nada peor para el sexo que estar deprimido, preocupado, ansioso, o atravesar un período de aburrimiento o crisis con respecto a la pareja. En esta situación, el diálogo es imprescindible: no puedes fingir durante mucho tiempo una pasión que no sientes. También debes ampliar el marco de lo que suele considerase lo estrictamente sexual. Valora los besos, los abrazos, el cariño y la comunicación como fuente de placer en sí mismos. Puede ayudarte a despertar el deseo dormido.

Si te apetece, recurre a los afrodisíacos, pero sobre todo, usa la imaginación, la relajación, el diálogo. ¡Los resultados pueden llegar a sorprenderte!

La próstata, una gran desconocida

¿Sabías que puedes llegar a tener un cáncer de testículos o incluso uno de pene? La respuesta más probable será que no. Son enfermedades muy poco comunes que afectan a un porcentaje mínimo de la sociedad. Sin embargo, se erige en un fantasma que asusta, y no poco, a la mayoría de los varones. Las enfermedades que afectan a la próstata son el pan de cada día para miles de hombres, precisamente, de mediana edad. De hecho, incrementan su frecuencia con el paso de los años.

Muchos hombres saben que la próstata les va a causar problemas a medida que envejecen y se resignan a ello como destino inevitable. Llegan incluso a rehuir los tratamientos, temerosos de que afecten su vida sexual. ¡No! Debes negarte a esta salida. ¿No le cambias el aceite a tu coche, como decíamos al principio? ¿No lo llevas al taller para someterlo a una revisión? ¿Porqué no acudes al médico para prevenir y solucionar un problema que te preocupa y puede afectarte?

Ya lo sé, has oído hablar de ella pero no conoces exactamente qué ocurre, ¿verdad? La glándula prostática está situada al lado de la vejiga, y se conecta a la uretra, el conducto por el que pasan la orina y el semen en su camino hacia el exterior. Pues bien, puede suceder que la próstata se «alargue» y empiece a provocar problemas al orinar. Algunos de los síntomas que pueden hacerte pensar que padeces una afección en la próstata son:

flujo lento de la orina, micciones frecuentes y necesidad de levantarte a orinar por la noche. No pongas en juego tu salud y si los síntomas persisten, ve al médico. Recuerda que el 10% de los cánceres que sufre el sexo masculino son de próstata.

El tratamiento más frecuente del cáncer de próstata es el quirúrgico: consiste en «reparar» el tejido de la próstata mediante un instrumento especial que se introduce en la uretra. También se aplican tratamientos farmacológicos, radioterapia e incluso es posible tener que recurrir a la extirpación de la próstata.

Después de una operación de próstata, hay muchas posibilidades de que tu eyaculación sea diferente. Alrededor de un 80% de los hombres experimenta lo que se conoce como «eyaculación retrógrada»: aunque sigue produciéndose el orgasmo, el semen generado en los testículos, en lugar de descender a través del pene hacia el exterior, retrocede hacia la vejiga. Obviamente, esto hace que el hombre pierda su fertilidad. Por tanto, si necesitas someterte a esta operación pero crees que desearás tener hijos posteriormente, puedes acudir a las técnicas de congelación de esperma para una inseminación artificial posterior. Piensa que sólo un 8% de los hombres, aproximadamente, permanece fértil.

No te alarmes si después de la operación te sientes débil, cansado y sin interés por el sexo. Es completamente normal: el cuerpo necesita recuperarse para volver a su estado habitual. Por supuesto que tu cabeza no para de darle vueltas al asunto, así que los motivos psicológicos no pueden descartarse como los causantes de esa inapetencia sexual. Muchos hombres se sienten profundamente inseguros de su potencia después de una operación que afecta una parte tan íntima de su organismo y tan relacionada con su propia sexualidad. No te obligues a practicar el coito con tu pareja si el cuerpo no te lo pide. Vuelve a disfrutar de los besos, las caricias, el intercambio de sensaciones placenteras y de afecto con la persona que quieres y verás como, poco a poco, recobrarás la confianza en ti mismo.

Para concluir, podemos afirmar que el cáncer de próstata, tratado correctamente, no tiene por qué tener un pronóstico fatal. Eso sí, para evitar males mayores, recuerda siempre lo importante que son la prevención y los chequeos médicos periódicos que te ayudarán a estar siempre al corriente de cuál es tu estado de salud. La imprudencia no suele ser recomendable, pero tratándose de la salud es simplemente absurda, de modo que, si eres del grupo de hombres para quienes acudir al médico supone una auténtica hazaña, piensa en los riesgos que corres al no curar tu próstata a tiempo: impotencia, incontinencia urinaria... ¿No te suena todo esto mucho peor que un tratamiento o una simple operación?

Capítulo 4

La sublimación del sexo a través del tantrismo

El sexo como religión

La crisis de la civilización occidental, la pérdida de los valores humanos, la falta de referentes sólidos... seguro que en algún momento estos temas forman parte de tus conversaciones con los amigos o con tu pareja. Y le das vuelta a estas ideas porque recuerdas momentos en los que todo era diferente. Encuentras que las nuevas generaciones llevan una vida completamente diferente a la que tú tenías a su edad, y que no se le concede valor a muchas de las cuestiones que tú consideras importantes.

Se dice que nuestra sociedad es materialista, en la que la ideología ha perdido el valor transformador que tuvo en el pasado. Vamos hacia un mundo cada vez más pequeño y uniforme, dominado por las todopoderosas tecnologías y por los omnipresentes medios de comunicación.

A nivel espiritual, todo ello tiene importantes repercusiones en el mundo occidental. Se desconfía de las iglesias tradicionales, a las que se ve como meros sistemas jerárquicos cada vez más alejados de la realidad de la sociedad y de sus costumbres. Por el contrario, la tecnología invade todo nuestro entorno. Nos vamos convirtiendo en números de referencia en un ordenador.

Esto provoca la necesidad interior de encontrar nuevos paradigmas, de recurrir a nuevas fuentes de las que nutrirse espiritualmente, y la solución la encontramos en el pasado, en la memoria colectiva. Las religiones y filosofías orientales han irrumpido con fuerza en este contexto. Su filosofía y sus principios, próximos al hombre y a la naturaleza, parecen aportarnos un poco de humanidad en medio de la frialdad tecnológica que nos envuelve, y son consideradas cada vez por más gente, como una ayuda muy valiosa para responder a sus inquietudes. Seguro que has oído hablar del yoga o del tai-chi como métodos de relajación física y mental, o incluso has llegado a practicarlos en alguna ocasión.

La tradición oriental tiene mucho que decir en cuanto al sexo, en particular a la hora de superar las inhibiciones que tenemos arraigadas como fruto de una educación represora. Es probable que padezcas las consecuencias de una formación de este tipo y que hayas tenido alguna vez la sensación de no poder desarrollar una vida sexual tan amplia como desearías por temor a viejos tabúes, por la mala conciencia de estar pecando al desear mayor placer sexual...

Para comprender la nueva dimensión que el sexo tántrico puede aportar a tu vida, debes tener en cuenta una serie de premisas básicas. En efecto, la concepción oriental del ser humano es muy diferente a la occidental. En Oriente se considera que el hombre está en armonía con Dios y con el universo. El problema es que en Occidente cada uno ha olvidado su auténtica esencia, inmerso en el drama de su existencia individual, por la lucha cotidiana para cumplir con sus obligaciones y alcanzar lo que se supone que desea.

La iluminación consiste, pues, en superar ese concepto restringido que uno tiene de sí mismo para regresar a la unidad fundamental y tomar conciencia de la propia luz. Desde hace miles de años, los yoguis han ensayado técnicas destinadas a desarrollar la sensibilidad para permitir la expansión de la conciencia. El yoga es la disciplina nacida de esos ensayos.

El yoga tántrico se considera como la vía sexual para la iluminación y el retorno a la fuente de energía universal que conduce a un nivel de conciencia superior. La palabra *tantra* procede del sánscrito *tanoti* (que significa «desarrollo») y de *trayati* («liberación»). La expansión de la conciencia, cuyo destino es liberar al ser humano del nivel físico existencial, apela al desarrollo y a la superación de los sentidos.

La formación cristiana nos ha educado en la idea de que el sexo está únicamente destinado a la reproducción, y sino se concibe así es algo diabólico y hasta sucio. Éste es el primer obstáculo que debemos superar. Hay que desechar este modo de afrontar una relación sexual. Pero el cristianismo no es la única religión que aborda el tema desde este punto de vista muchas religiones se muestran recelosas frente al yoga tántrico porque éste apela a la unión de los sexos como camino hacia la iluminación cósmica. De ahí que haya sido condenado a la clandestinidad y sus técnicas se han desarrollado de forma secreta durante siglos.

Sin embargo, no creas que el tantrismo consiste en dedicarse a llevar una vida frívola y desenfrenada en el terreno sexual, sin más. Al contrario: practicarlo exige un alto grado de disciplina. Los maestros del tantrismo revelan que la relación íntima prolongada consigue elevar a los amantes hasta las esferas más altas de la perfección humana. En otras palabras, el tantrismo integra la sexualidad en un contexto espiritual. ¡Qué idea tan opuesta a la que hemos aprendido! Las culturas occidentales han condenado la sexualidad, han impedido que fuese una manifestación más, inherente al ser humano y con ello sólo han logrado que nos sintamos reprimidos, acumulando frustraciones y violencias.

La aportación del tantrismo reside en concebir el sexo como parte de la divinidad. No es algo malo que nos conduce al pecado, sino un conjunto de energías naturales en las que podemos abandonarnos para alcanzar las experiencias más sublimes que podamos imaginar. No se trata de condenar el sexo y mantenerse casto, sino de perfeccionar las propias técnicas sexuales para lograr así una conexión espiritual con lo infinito de la divinidad que rige el cosmos.

Dicho así puede parecerte algo extraño, para que lo comprendas mejor, veremos a continuación el origen y el desarrollo de esta filosofía que hace del sexo un arte liberador y espiritual.

Historia del tantrismo

El tantrismo ha existido desde que el hombre se ha planteado el origen de su existencia y de su naturaleza sexual. Y más tarde, el descubrimiento del sexo como una actividad placentera, más allá de la mera reproducción. Podemos encontrar huellas de la herencia tántrica en todas las culturas: en las pinturas rupestres de la Edad de Piedra, en los textos mágicos del Antiguo Egipto, en los textos místicos hebreos y griegos, en los cantos de amor árabes... En la Edad Media, los alquimistas disimulan los principios tántricos tras una poesía alegórica. En numerosas culturas, las representaciones de los órganos sexuales masculinos y femeninos (*lingam* y *yoni* en sánscrito) han sido expuestas y veneradas como elementos evocadores de gran poder creador.

En las grandes culturas del Lejano Oriente el tantrismo ha alcanzado sus realizaciones más perfectas. El arte cristiano nos planteaba por una parte, figuras castas de jóvenes vírgenes y santos, y por otra, los castigos divinos que nos esperaban si caíamos en la tentación: el fuego eterno era el menor de los males. Acostumbrados a estas representaciones, no dejan de sorprendernos los relieves de los templos hinduistas, llenos de imágenes de audaces posturas sexuales. Por otra parte, ¿qué es el famoso *Kamasutra* sino una perfecta representación de la filosofía tántrica y del sublime valor espiritual que se concede al placer sexual?

Hacia el siglo XII, el tantrismo alcanza su edad de oro. La invasión musulmana de la India lo obliga a refugiarse en el Tíbet, donde siglos después, sufrirá la represión de las autoridades chinas. Según los profetas tántricos, la humanidad se halla actualmente en una era de autodestrucción que sólo podrá superarse con la irrupción de una nueva espiritualidad que una armónicamente la esencia de lo masculino con lo femenino para despertar a la conciencia profunda del universo.

El control de la respiración: meditación y placer

La respiración es un acto imprescindible para la vida: sino respiramos, nos morimos. Y sin embargo lo hacemos de forma inconsciente. Respiramos millones de veces a lo largo de nuestra vida y es algo a lo que no le prestamos atención, lo que es un error, sin duda.

Con frecuencia nuestra respiración es superficial y rápida, cuando lo ideal es mantener una respiración lenta y profunda. Fíjate en un bebé, un ser que actúa impulsado por sus instintos primarios. Un niño respira desde el abdomen, al contrario que los adultos que solemos hacerlo utilizando solamente el tórax.

A lo largo de los años nos vamos acomodando y tendemos a mantener una respiración rápida, sin dejar que el aire llene nuestros pulmones y descienda hasta el vientre, con lo que permanece menos tiempo dentro nuestro y además, nos obliga a trabajar más.

Una respiración profunda y pausada retiene el oxígeno más tiempo en el interior del cuerpo: el cerebro se estimula, las células se renuevan, el organismo rejuvenece y se carga de energía.

En este principio se apoya la filosofía tántrica: durante la inspiración la energía cósmica recorre todos los centros vitales. Mientras se retiene el aire inspirado, la capacidad de concentración se multiplica, de modo que éste constituye un momento ideal para meditar.

Por su parte, la espiración permitirá proyectar la energía acumulada hacia el exterior.

Al principio puede parecer complicado concentrarte en mantener al aire y ejercitar los músculos del abdomen al tiempo, pero con un poco de práctica lo realizarás de forma inconsciente.

A continuación te presentamos la descripción de tres ejercicios de respiración que puedes practicar en cualquier momento.

1. Ejercicio de iniciación

◆ Siéntate en una silla que tenga el respaldo alto, o en el suelo, con la espalda contra la pared.

◆ Coloca las manos a la altura del estómago.

◆ Toma aire (inspira) lenta y profundamente, tanto como te sea posible, siendo consciente de cómo el aire llena poco a poco los pulmones.

◆ Relaja el abdomen para facilitar la entrada de aire y observa cómo se hincha.

◆ Finalmente, bota el aire lentamente, relajando la caja torácica y el abdomen.

2. La técnica de la respiración total

◆ Éste es uno de los ejercicios respiratorios más recomendados por los maestros del tantra.

◆ Para realizarlo, debes sentarte en una silla o en la postura de meditación (en el suelo, cruzando las piernas de manera que el pie izquierdo quede debajo de la pantorrilla derecha, el tronco esté erguido y con las manos apoyadas en las rodillas).

◆ Toma aire (inspira –siempre por la nariz–) y cuenta lentamente hasta cinco, hinchando el abdomen y el tórax, como si inflases un balón.

◆ Encoge los hombros hacia arriba y llévalos adelante, para llenar de aire la parte superior de los pulmones.

◆ Retén el aire durante cinco segundos. Finalmente, espira, contando lentamente hasta cinco.

◆ Relaja los hombros y contrae el abdomen. Es conveniente repetir el ejercicio siete veces seguidas.

3. Respiración purificadora

◆ Siéntate sobre los talones, con las manos en los muslos.

◆ Inspira profundamente por la nariz y retén el aire mientras cuentas hasta seis.

◆ Empieza a curvarte hacia delante, expulsando una pequeña parte del aire retenido y contrayendo el diafragma, hasta tocar el suelo con la cabeza.

◆ Repítelo unas cuatro o cinco veces, expulsando en cada una de ellas parte del aire almacenado en los pulmones.

◆ Una vez expulsado todo el aire, incorpórate a la vez que inspiras aire de nuevo.

El orgasmo seco: la fuente de la potencia sexual

Para el tantra, uno de los secretos fundamentales de una vida sexual sana está en la capacidad de coordinar respiración, pensamiento y semen. Ya sé: en un momento así es un poco complicado tratar de aunar las tres cosas. Durante la excitación sexual, la respiración y el ritmo cardíaco se aceleran; pensamos obsesivamente en alcanzar el orgasmo y este pensamiento nos conduce directamente a él, ¡casi siempre demasiado rápido!

El tantra concede un valor especial a las relaciones sexuales de conexión trascendente entre los miembros de la pareja y las fuerzas cósmicas, y sostiene que si se regula la respiración durante el acto sexual, para controlar la eyaculación, se consiguen «orgasmos secos»: «Mientras la respiración está en movimiento, el semen se mueve; cuando la respiración deja de moverse, el semen entra en reposo», afirma Guraksa Samita.

Los textos tántricos insisten en la importancia fundamental de retener el semen, no sólo para lograr un acto sexual más prolongado, sino para la propia salud –tanto física como espiritual– del hombre. Esta idea obedece al principio según el cual el semen es un fluido vital –una esencia imprescindible que procede de todas las partes del cuerpo del hombre– y su pérdida debilita, acorta la vida y empobrece el espíritu. De hecho, los tratados tántricos y taoístas recomiendan eyacular dos o tres veces por cada diez actos sexuales.

Todo esto suena muy bien, pero ¿cómo conseguir tener orgasmos sin eyacular? Podemos encontrar una respuesta en un tratado de la dinastía Tang (siglos VI-IX), donde se hace la explicación:

> «Cuando un hombre se siente a punto de eyacular su semen, debe cerrar la boca y abrir los ojos. Sobre todo intentará estabilizar su respiración, reteniéndola pero sin forzarse. Moviendo las manos arriba y abajo, controlará su respiración y su semen. Procurará asimismo tener recta la columna vertebral. Si es necesario, presionará su punto Pingyi (localizado a dos centímetros de la tetilla derecha) con los dedos índice y corazón de la mano izquierda, al tiempo que aprieta los dientes. Este procedimiento retiene el semen de modo definitivo, permitiéndole ascender y beneficia el cerebro».

Otros maestros orientales proponen diversos métodos para retener el semen.

- **Presiona con los dedos índice y corazón** de la mano izquierda el lugar situado entre el escroto y el ano, haciendo rechinar los dientes.

- **Aprieta la lengua contra el paladar**, arquea la espalda, alarga el cuello al mismo tiempo que echas hacia atrás los hombros e inspiras profundamente por la nariz.

Las posiciones que se adoptan durante la relación también pueden ayudar a lograr un orgasmo seco. El tantra recomienda algunas que facilitan al hombre el dominio del semen: las posturas sentadas o en cuclillas facilitan el ascenso de las energías sexuales; también es conveniente que sea la mujer quien realice los movimientos, dejando así al hombre que se concentre para no eyacular.

Tan importante es el semen para el tantrismo que cualquier pequeña pérdida debe ser compensada. Aquí interviene la idea de la «absorción mutua»: durante el acto sexual, el hombre debe absorber las secreciones femeninas, porque se consideran una fuente de energía lunar que refuerza el organismo masculino. La tradición tántrica las denomina de forma poética: «Líquido de la Luna», «Jugo del amor», «Néctar del loto»... De esta absorción también se beneficia la mujer, que puede aprender a transformar sus fluidos sexuales y los de su compañero. Si para el hombre es negativo física y mentalmente desprenderse de su semen, tampoco la mujer debe apropiarse repetidamente del fluido de su pareja pues esto, según los tratados tántricos, significa practicar un vampirismo sexual que conduce a una masculinización indeseable de la mujer.

Acaso las técnicas de la filosofía tántrica, como la del orgasmo sin eyaculación, te parezcan difíciles de alcanzar o simplemente demasiado exóticas. Si es así, ten en cuenta que algunos procedimientos modernos para controlar la eyaculación y aumentar la potencia sexual recomendados por los sexólogos actuales (como el método de la doctora Keesling, que explicamos en el capítulo siguiente) se inspiran en las tradiciones orientales.

De cualquier modo, hay una idea que sí debe quedar muy clara: la relatividad de las creencias y opiniones afecta todas las dimensiones de la realidad humana, y el sexo no es una excepción. Si sientes que tus deseos están reprimidos, piensa en las enseñanzas de los maestros del Lejano Oriente e intenta acercarte al sexo con una nueva mirada: se trata de un arte sagrado que te permitirá perfeccionar el cuerpo, la mente y el espíritu a través del placer de los sentidos.

Capítulo 5

El método Keesling

Imagínate haciendo el amor con tu pareja: ambos estáis totalmente excitados y lleváis así diez minutos. Sabes, por experiencia, que a tu pareja le faltan todavía cinco minutos para alcanzar el orgasmo, pero una idea pasa te asalta como un relámpago: si continuáis así, tu propio orgasmo puede ser inminente.

Si se te ocurre parar en ese momento no harás más que frustrar a tu pareja y pondrías en peligro tu erección... El simple hecho de tener que enfrentarte a este dilema convierte una rica experiencia en algo nada placentero para cualquier hombre: terminas por sentirte sumamente preocupado y en conflicto contigo mismo.

No es una tarea fácil gozar del sexo cuando se lucha contra el propio cuerpo. Pues bien, aunque te parezca increíble, existe la solución: el orgasmo masculino múltiple. Sí, has leído bien.

El hombre multiorgásmico no tiene necesidad de contenerse ni de luchar contra su propio cuerpo. Puede gozar de la relación sexual, tener un orgasmo completo, ¡y continuar! Puede incluso tener un segundo orgasmo y tener la capacidad de mantenerse en disposición.

No importan la edad ni la experiencia que tengas. Sólo necesitas voluntad, constancia y práctica para convertirte en un hombre multiorgásmico. Sigue atentamente las explicaciones de este método y compruébalo por ti mismo.

Haz realidad tu fantasía

Toda mujer sueña con estar con un amante de pasión intensa y potencia inagotable. Todo hombre desea ser capaz de satisfacer esos sueños. Estás a punto de aprender los secretos del orgasmo masculino múltiple: aprenderás a prolongar el acto sexual tanto tiempo como desees. Es comprensible que sigas teniendo dudas ante estas promesas. Quizá lo creas posible en un joven de veinte años, con la energía propia de su edad, o para algún practicante de yoga, pero no para un hombre de edad mediana; sin embargo, utilizando el método de la doctora Keesling, la capacidad de controlar la eyaculación no es atributo exclusivo de los gurús orientales.

Muchos hombres han aprendido a controlarse para tener orgasmos múltiples sin perder la erección (dos orgasmos, tres orgasmos, o incluso más, si así lo desean). Estos hombres no son superhombres sexuales, son hombres corrientes, normales. Jóvenes, mayores, de cualquier condición física y cualquiera que sea el tamaño de su pene. Sólo tienen en común el deseo de mejorar sus habilidades y satisfacer a su pareja.

La doctora Keesling asegura que no ha habido un solo hombre motivado que haya practicado su método y no haya alcanzado los resultados que buscaba. Estás a punto de entrar en una relación nueva con tu propio pene y de dar una nueva dimensión a tu sexualidad y a la de tu pareja.

Hablemos claramente de sexo

¿Tuviste alguna vez una charla, con tu padre, sobre el sexo? ¿La has tenido con tu propio hijo? Hablar de sexo ha dejado de ser el tabú de épocas anteriores, pero sigue resultando difícil, incómodo en muchas situaciones. Lo peor de todo es que el velo con que se cubren los temas sexuales produce lamentables fenómenos de ignorancia, lagunas que se arrastran durante años y que son fuente de temores e insatisfacciones.

El sexo está en todas partes: no sólo forma parte de la condición humana sino que es prácticamente imposible evitar su presencia, más o menos explícita, en cualquier medio de comunicación.

Pero saber mucho de sexo no es lo mismo que estar satisfecho sexualmente. Es hora de cambiar y empezar a resolver todas esas lagunas de una vez por todas: una vez que alcances tu primer orgasmo múltiple resolverás todas las dudas que te impiden mantener una plena satisfacción sexual.

¿Estás listo para el cambio?

El primer paso es relajarse y permanecer abierto a las nuevas ideas y técnicas del método que presentamos. No te preocupes, si todavía tienes dudas, irán desapareciendo a medida que sigas leyendo. Sean cuales fueren las razones que te han acercado hasta este libro —hacer feliz a tu pareja en la cama, que se sienta satisfecha, intensificar tu placer o una simple curiosidad— convertirte en un hombre multiorgásmico reforzará tu autoestima y te hará sentirte más seguro de ti mismo: mejorarán tus relaciones sexuales y tu relación de pareja en general.

¿Con qué caso típico te identificas?

Lee con atención estos cuatro perfiles masculinos. En todos ellos existe la necesidad común de aprender alguna técnica eficaz para aumentar la potencia sexual, pero las circunstancias son diferentes en cada caso. Piensa cuál es el tipo que más se acerca a tu caso particular; es posible que no te sientas identificado por completo con ninguno de ellos, pero seguro reconoces alguna de las características de estos hombres.

Primer perfil: hombre maduro en busca de la potencia (casi) perdida

Eres un hombre que siempre ha encontrado muy fácil expresar tu sexualidad. Tienes una vida sexual muy activa. El sexo es importante para ti y quieres asegurarte de que podrá continuar siéndolo. Haces el amor con tu pareja casi cada noche y también muchas mañanas.

Pero estás empezando a preocuparte porque tu «período refractario» –el tiempo que transcurre entre erecciones– se está alargando. Esta situación puedes resumirla con la frase: «Últimamente, no siempre puedo levantarlo dos veces al día». Estás interesado en encontrar técnicas nuevas que te permitan pasar grandes lapsos de tiempo practicando el sexo con tu pareja, y ella piensa que es una idea muy buena.

Segundo perfil: eyaculador precoz

La razón que te lleva a interesarte por el orgasmo masculino múltiple es completamente diferente. Te preocupa no poder mantener una erección el tiempo suficiente para satisfacer a tu pareja, y percibes que en el lecho ella no es todo lo feliz que le gustaría.

Aunque te esfuerzas en intentarlo, no puedes mantener una erección durante más de cinco minutos. Sueles tomártelo con sentido del humor y a veces haces broma con respecto a tu rapidez, pero en el fondo no piensas que sea algo divertido. Al comienzo de tu vida sexual en pareja, sentías tanto deseo que después de alcanzar el orgasmo eras capaz de tener una segunda erección en diez o quince minutos. La segunda vez te resultaba más fácil «contener» tu propio orgasmo y la eyaculación, lo que te permitía prolongar la relación sexual lo bastante para que tu compañera alcanzase el orgasmo. Con el paso del tiempo, sin embargo, perdiste esta capacidad.

Tercer perfil: joven inexperto en busca de seguridad

Otros motivos para estar interesado en adquirir capacidad multiorgásmica es porque eres un hombre joven, con poca experiencia, que sientes ansiedad por tu capacidad para «rendir» bien con todas las parejas que vayas encontrando. Quieres aprender tanto como puedas sobre el sexo para sentirte más seguro y enterado cuando estés con mujeres.

Cuarto perfil: amante joven y experto en busca de una técnica infalible

También eres un hombre joven, pero te consideras muy experimentado sexualmente. Piensas que eres un gran amante y te crees capaz de mantener una erección lo bastante para satisfacer a cualquier pareja. Pero tienes otra preocupación: eres tan consciente de que tienes que «contener» el orgasmo, a fin de agradar a la mujer con la que estás, que eso te impide gozar plenamente. Buscas relajarte más, dominar mejor tus recursos sexuales y hacer del control de la eyaculación una costumbre que se produzca por sí sola y que deje de ser un difícil ejercicio de concentración. ¿Te ves reflejado en alguno de estos cuatro casos? ¿Estás decidido a mejorar de una vez por todas tu vida sexual?

Pues bien, para empezar, trataremos de iniciar una nueva relación con un viejo amigo...

Descubre tu pene

Antes de avanzar más, hablemos de tu pene. Tradicionalmente, los hombres están tan preocupados por intentar aprender los secretos del cuerpo de la mujer, que pasan muy poco tiempo intentando dominar el suyo. El hombre típico está preparado para quemarse las cejas estudiando los recovecos de la anatomía femenina. Tomaría con gusto una linterna y buscaría sin fin el punto G, las pecas u otras zonas que le ayudasen a ser mejor amante, aunque apenas conoce su propio cuerpo.

Tenlo presente: un hombre no puede ser multiorgásmico sino conoce su pene.

Sin duda, éste es el órgano que causa a los hombres el mayor orgullo o la mayor frustración. El tamaño es, para la inmensa mayoría, una auténtica obsesión y motivo de comparaciones, observaciones y dudas de todo tipo.

¿Te gusta tu pene? ¿Estás orgulloso de él? ¿Te produce vergüenza? La verdad es que el pene es para los hombres como el trasero para las mujeres. Son raros los hombres que se sienten verdaderamente cómodos con el suyo y suelen ser muy vulnerables cuando se refieren al propio. Las bromas y los comentarios de todo tipo relativos al de los demás son frecuentes, ¡pero que no les toquen el suyo!

Hay que comenzar superando esta obsesión. ¿Por qué? Pues porque una actitud positiva frente al propio cuerpo es el principio para sentar las bases que nos conducirán a un cambio radical de la potencia sexual. Tienes que entender que el secreto para ser un buen amante no reside en el cuerpo de la mujer sino en el suyo propio. Cualquier hombre puede llegar a ser un amante fenomenal si entiende que su potencia sexual reside en la capacidad de entender y controlar el propio pene.

Si quieres llegar a ser un «virtuoso» del sexo, lo primero que necesitas es dominar tu propio pene. Todo lo demás vendrá por añadidura. Ignorar la potencia que éste posee es desperdiciar tu mayor activo, y ¿no crees que es absurdo?

¿Piensas en tu pene como en un extraño?

No debería ser así. Cualquier hombre conoce su pene desde que tiene uso de razón. Su relación con él es más larga que la que tiene con su pareja, con su jefe, con su mejor amigo...; y sin embargo, con todo el tiempo que han estado juntos, apenas lo conoce en realidad. Seguro que le echas un buen vistazo cada día... pero no es suficiente: el verdadero potencial que te ofrece se te sigue escapando.

¿Cuándo fue la última vez que pasaste un tiempo «a solas» con él? Probablemente, tenías unos once o doce años en aquella época. Tu propio pene te producía una gran fascinación entonces. Parecía que el día no tenía tiempo suficiente para que ambos os conocierais mutuamente. Pero una vez experimentados los primeros orgasmos, probablemente vuestra relación empezó a cambiar. Una vez que descubriste lo que te hacía sentirte bien, tu curiosidad comenzó a menguar. Encontraste una fórmula que funcionaba, te acostumbraste a ella, y eso fue todo.

Incluso si alguna vez, con el paso del tiempo, te sentiste tentado a experimentar, tus intentos fueron, probablemente, más frustrantes que satisfactorios. La falta de información confiable unida a una enorme de desinformación sólo podía desanimar tu interés natural. Así que optaste por la salida que te pareció más normal: hacer las paces con tu pene, y falsificaste una relación de trabajo que continúa hasta el día de hoy. Claro que, podrías haber intentado algo nuevo en una gran ocasión, cuando conocías a una nueva pareja o cuando te aburrías un poco, pero el caso es que ahora, diez, veinticinco o incluso cincuenta años después, haces lo mismo que cuando tenías once años.

¡Pero ya no tienes once años! Has crecido, tus necesidades han cambiado, y ahora tienes una pareja que también tiene necesidades. ¿No crees que ya es hora de actuar de forma adulta en relación con tu propio cuerpo? ¿No crees que ha llegado el momento de abrir la mentalidad de aquel chico de once años, entusiasta pero simplón, y sentirte excitado de nuevo con tu potencial sexual como hombre?

¿Tu pene piensa por su cuenta?

Los hombres, por lo general, tratan al pene como si fuera un objeto desconectado, separado, al margen del propio cerebro. Dicen cosas como «No me hables... háblale a él, él lo hizo». Le ponen nombres como «el pequeño Juan», «el gran Carlos», «el capitán fantástico», o «el señor Martínez». En este aspecto las mujeres son muy diferentes: ¿A cuántas mujeres conoces que tengan motes para la vagina? ¿Cuántas veces escuchas a las mujeres referirse a los genitales usando nombres como «la señorita Ana» o «la caníbal»?

Hay muchas posibles razones diferentes por las que los hombres tratan el pene de esta forma. Sin duda, algunos hombres se disocian del pene porque no quieren tener la responsabilidad de su propia sexualidad o de las consecuencias de su conducta sexual. Es un gran sistema para justificar su despreocupación o insensibilidad. Es posible que muchos hombres se distancian de sus genitales porque tienen problemas relacionados con la frustración de ser incapaces de controlar su cuerpo. Esto hace más fácil de tolerar cualquier carencia o fracaso sexual.

Como el pene está, físicamente, en el exterior del cuerpo queda más expuesto a la observación. Quizá por eso también se frivoliza más con él. En el caso de las mujeres, la vagina queda en el interior, y su sexualidad es mucho más reservada. Sin embargo, hacen bromas constantes en torno a los pechos ¿te habías dado cuenta? Por eso, si una mujer no puede excitarse, sólo ella lo sabe, pero con el hombre, no ocurre lo mismo. Si un pene no hace lo que se supone que debe hacer, todo el mundo lo sabe. Si un hombre tiene dificultades, la prueba está a disposición de todos los que quieran verla. Parece que incluso esos satélites espaciales que fotografían matrículas vayan a reconocer que hay un pene que no cumple con su deber. Eso significa mucha presión... demasiada presión para el hombre corriente.

El comienzo de una gran amistad

Puedes acomodarte en la idea de que el pene tiene su propia personalidad, pero esta actitud, en el fondo, no te servirá. Puedes ahorrarte algo de ansiedad y de incomodidad, pero también te roba mucho placer.

El pene no es una entidad separada con un espacio alquilado en los calzoncillos. No es ese vecino ruidoso de abajo que te mantiene despierto toda la noche. No lo trates así; tu pene es una parte importante de tu cuerpo. La verdad es que algunas veces es tu parte más sincera. Cuando estás asustado, el pene lo muestra; cuando estás excitado, también; cuando te sientes deprimido, él lo sabe y se comporta con arreglo a esta situación. Podrás engañar a algunas personas durante algún tiempo, pero no puedes engañar a tu propio pene. Los dos estáis conectados totalmente y lo estaréis para el resto de tu vida. Es hora de decirte a ti mismo: «¡Acepto mi pene!». Pon la alfombra de bienvenida. Establece un diálogo. Hazle saber que es parte de ti y que te importa. Es hora de sacar al pene del olvido. Cuanto antes lo hagas, antes empezarás a cambiar tu sexualidad.

Un hombre que controla el pene es un hombre potente

Sexualmente hablando, podríamos decir que hay dos clases de hombres en el mundo: los que controlan su pene y los que son controlados por su pene. Un hombre que no puede controlar su pene es un hombre que vive con miedo, miedo de que se descubra su insuficiencia, sin ser capaz de tener una vida sexual satisfactoria ni de colmar a su pareja.

Para todos –hombres y mujeres– el mayor obstáculo individual para el placer sexual es el miedo al propio cuerpo. Una relación más sana con el pene puede disolver muchas ansiedades comunes respecto al rendimiento sexual al ofrecer al hombre un verdadero sentido del control de su propio funcionamiento.

El rendimiento sexual no es un misterio. El funcionamiento sexual es un proceso fisiológico, como respirar o dormir... sólo que más divertido. Como otros muchos procesos fisiológicos, el rendimiento sexual puede comprenderse, alterarse y mejorarse. ¡Y eso es exactamente lo que vas a empezar a hacer hoy!

Una buena lección de anatomía

Todo el mundo sabe que el pene no es un músculo. Si lo fuese, probablemente estarías ahora mismo en el gimnasio, acompañado de muchísimos hombres más. Lo que la mayoría de la gente no sabe es que hay un músculo que juega un papel crucial en el funcionamiento del pene: el músculo pubococcígeo.

El músculo pubococcígeo –o músculo PC, para abreviar– es, de hecho, un grupo de músculos que va desde el hueso púbico al hueso caudal. Ahora bien, puede que ya lo conozcas de un modo diferente. El músculo PC cumple la función de detener el flujo de orina desde la vejiga. Es también el músculo que se contrae en la eyaculación, impulsando el semen a través del pene y fuera del cuerpo.

El hecho es que se trata de un músculo muy atareado. Pero, en lo que a muchos hombres se refiere, todavía se emplea demasiado poco. No te preocupes... Vamos a cambiar todo esto muy pronto. He aquí por qué: el orgasmo masculino depende de un músculo PC fuerte. Éste es tu billete para la liga de campeones, tu camino hacia la cima.

La mayoría de las técnicas que aprenderás en los apartados siguientes no se pueden realizar sino lo has potenciado. Por ello, la primera serie de ejercicios de este apartado están pensados específicamente para «prepararlo». Piensa que si quieres de verdad obtener resultados satisfactorios, no puedes omitirlos ni tomártelos a la ligera. Son la primera parte de tu entrenamiento para ser multiorgásmico, así que concédeles importancia.

El primer paso:
potenciar el músculo pubococcígeo

Ahora debes de estar pensando: «Ya no tengo 18 años; mi pene no funciona como el de un joven; da igual que haga ejercicio o no». Borra inmediatamente esa idea de la cabeza: ¿Acaso un hombre de 18 años es demasiado joven para ir al gimnasio a fortalecer los bíceps? ¿Uno de sesenta es demasiado viejo para caminar cinco kilómetros diarios para fortalecer el corazón? Desde luego que no. Cualquier edad es buena para estar en forma. Los ejercicios de fortalecimiento, como éstos que te explico a continuación, conducen también a mejorar la salud y a mantener el bienestar, por no mencionar el aumento de la autoestima.

El pene no es diferente. El músculo PC es un músculo, pura y simplemente. Funciona, responde y puede reforzarse como cualquier otro de tu cuerpo.

Sólo unos pocos minutos al día

Llegar a dominar las técnicas del orgasmo masculino múltiple es coser y cantar... una vez que el PC está listo. Y prepararlo, ponerlo a punto para la acción, es simple. Pero a estas alturas debes estar deseando iniciar el programa. Párate un segundo y piénsalo, si de verdad lo emprendes con seriedad supondrá un compromiso, pero te garantizo que nunca lo lamentarás. Si practicas con constancia puedes estar preparado en dos o tres semanas. Con frecuencia, incluso lleva menos tiempo. Sólo necesitas unos pocos minutos al día para hacer el programa, y si sumas el tiempo que le dedicas, seguro que es menos del que pasas en el gimnasio trabajando todos los músculos del cuerpo excepto el que realmente cuenta.

Preparados, listos...

Casi estamos listos para empezar. Sólo nos queda ocuparnos de una parte más que es importante. A los pocos días de empezar el régimen de ejercicios de este apartado, vas a comenzar a sentirte muy diferente, y eso va a ser muy bueno. Pero ten en cuenta que tu pareja va a verse profundamente afectada por todos esos cambios que están a punto de tener lugar en tu cuerpo y en tu cabeza. No puedes ignorar esta situación.

Probablemente te sientas excitado ante la perspectiva de empezar, pero es importante asegurarte de que tu pareja comparte tu entusiasmo. Por eso, antes de practicar cualquier ejercicio, sostén una conversación seria con ella sobre las muchas estaciones del viaje que estáis a punto de emprender.

Habla con tu pareja sobre el orgasmo masculino múltiple

Hacer el amor con un hombre multiorgásmico no es una cosa cualquiera. La intensidad de sus respuestas y su capacidad para rendir pueden alarmar mucho a una mujer acostumbrada a un hombre monorgásmico.

Notarás, a lo largo del apartado, que en la mayoría de los ejercicios se han incluido pautas para la pareja. Esperamos que tu pareja quiera seguir estas sugerencias y tener un papel activo en el desarrollo del proceso. Pero es posible que ella prefiera permanecer al margen al principio y cosechar los beneficios al final. Eso también está bien. Depende de ambos decidir qué os conviene más. Pero en cualquier caso, tu pareja tiene que saber qué pasa y tú debes saber que cuentas con su apoyo.

Si no discutes estos temas de antemano, tus esfuerzos podrían fracasar. Si intentas mantener todo el asunto en secreto, tu pareja podría sentirse marginada, confundida o insegura, o incluso enfadarse. Piensa que si está acostumbrada a la vieja tradición, cualquier clase de cambio radical podría ser bastante desconcertante. Incluso temería que tuvieras un *affaire* y que estuvieses aprendiendo cosas de otra mujer.

Habla con tu pareja. Dile lo que te propones y no te calles nada. Dale tanta información como sea posible. Hazle saber por qué es importante para ti. Dile cuáles son tus objetivos, y explícale los beneficios que crees que tendrá vuestra relación. Es muy importante que ella sepa que haces esto por ambos. Recuerda que cada mujer es un mundo. A algunas mujeres les gusta hacer el amor durante horas, mientras que otras son más felices cuando el acto sexual es breve y simple. Tienen deseos y necesidades diferentes según los días del mes. Y tu pareja, ¿qué? ¿Qué le gusta, qué quiere y cómo varían sus necesidades día a día y semana a semana?

Ésta es la información que necesitas valorar y sólo el diálogo te facilitará la ocasión perfecta para aclararlo. Francamente, es el único modo de que ambos os beneficiéis plenamente de tu recién descubierto talento. De lo contrario, podrías hacer cosas en las que tu pareja, simplemente, no esté interesada.

Claro que tus necesidades son importantes; pero debes recordar siempre que las necesidades de tu pareja son igualmente importantes. Ser un gran amante significa algo más que meterte en el propio cuerpo. Ser un gran amante significa también meterte en el cuerpo de tu pareja y, lo que es incluso más importante, significa meterte en su mente.

Lo hermoso de ser multiorgásmico es que provoca la clase de flexibilidad sexual que nunca habías experimentado antes. Por vez primera, puedes obtener un placer tremendo sin sacrificar ninguna de las necesidades de tu pareja. Tu experiencia será mucho más intensa, pero también vas a hacer que la de ella lo sea.

Si tu pareja tiene muchas preguntas sobre su papel específico en el «entrenamiento», pídele que lea este libro: en él encontrará lo que busca. A medida que vaya leyendo cada ejercicio de parejas (algunos ejercicios no la requieren) notará que tanto el papel del hombre como el de la mujer están siempre claramente definidos. Es recomendable que ambos leáis los ejercicios, incluso si a tu compañera no va a participar en ellos. En resumen: hablad, escuchaos mutuamente y, sobre todo, ¡disfrutad!

Aclarados los puntos anteriores, sólo hay dos reglas que debes seguir:

- *Primera regla.* Haz siempre al menos uno de los ejercicios de los dos propuestos; no importa si practicas el de pareja o el solitario, pero realiza uno.
- *Segunda regla.* Realiza los ejercicios en el orden en que se presentan. Piensa que están construidos uno sobre otro, en una secuencia, y puedes sentirte muy frustrado si tratas de saltártelos.

El modo más fácil de hacerlos es leer cada uno antes de comenzar. Si trabajas un ejercicio de pareja, ambos deberíais leer el ejercicio con calma. Discutid el ejercicio después de leerlo y aseguraos de que lo entendéis perfectamente.

Si cualquiera de los dos tiene dudas, es mejor exponerlas antes de empezar, mantener esa línea de comunicación abierta y clara os ayudará a que surjan menos complicaciones. Id poco a poco. No intentéis completar el programa en un largo fin de semana. Daros algunas semanas, o incluso meses para cumplirlo.

Aprender a ser multiorgásmico no es lo mismo que aprender a tocar el piano: éste va a ser un proceso placentero de principio a fin. Lo más importante es que te tomes tiempo y te sacudas la presión de encima.

El entrenamiento del músculo pubococcígeo

En este apartado vas a aprender la primera serie de ejercicios simples que te llevarán a tomar el control de tu sexualidad del modo que siempre habías imaginado. Dominarlos es el primer paso en el sendero de una vida de placer y potencia como varón multiorgásmico.

Los tres ejercicios siguientes son los más importantes de todo el apartado. Por favor, tómatelos muy en serio. Es importante que tengas tiempo, leas los ejercicios con detenimiento, que sigas las instrucciones cuidadosamente y que intentes ser muy minucioso.

En cualquier lugar y a cualquier hora...

Suena como un anuncio, pero estos ejercicios son fáciles y se pueden hacer en cualquier parte –en el automóvil, en la playa, o sentado en el escritorio–. Muchos hombres dicen que la mitad de la diversión de la «preparación» es que se puede practicar a plena luz del día, en plena calle ¡sin miedo escandalizar a nadie!

Dos escollos en el entrenamiento del PC

Estos ejercicios no son difíciles, pero hay dos errores comunes que la mayoría de los hombres cometen cuando comienzan y que es bueno que conozcas, para así poder evitarlos.

Primer error: repetirlo demasiadas veces

Ahora mismo te sientes muy entusiasta, pero sé precavido, no te excedas. El músculo PC puede inflamarse como cualquier otro músculo.

Quizá ya lo habrás descubierto por tu cuenta. Igual que el primer día de ir al gimnasio no te aplicas a las pesas más grandes, aquí debes tener calma. Ve despacio al principio, como harías si empezases cualquier otro tipo de entrenamiento por vez primera, y deja que se vaya formando.

Segundo error: No aislar el PC

El PC es un pequeño grupo de músculos que tiene que aislarse durante los ejercicios, de los muchos, más amplios, cercanos a él. Es importante que el estómago, los muslos superiores y las nalgas estén completamente relajados cuando entrenes.

Muchos hombres se encuentran con este problema cuando hacen los ejercicios por vez primera. No te preocupes: si no puedes parar de tensar otros músculos durante los ejercicios, necesitas, simplemente, «extenuarlos» primero, para que no interfieran en tu nuevo entrenamiento.

Supongamos que tienes tendencia a mantener tensos los músculos abdominales. Lo que tienes que hacer entonces es tensarlos y aflojarlos al menos diez o veinte veces antes de comenzar. De este modo los cansarás lo suficiente para que no se entrometan en la realización de los ejercicios. Lo mismo tiene aplicación para los músculos de los glúteos, la cadera y la pelvis.

Una vez que hayas aislado realmente el PC, la «confusión» muscular debería disolverse, dejándolo libre para poder dedicarle plena atención. Teniendo esto presente, retomemos ahora la atención en nuestro programa establecido.

Así que... ¡qué comiencen los juegos! ¡Disponte a gozar! Y no lo olvides: la potencia del músculo pubococcígeo es la potencia definitiva.

Ejercicios básicos

Ejercicio 1. El escondite

◆ Ante todo, lo primero que tienes que hacer es encontrar tu músculo pubococcígeo. Para algunos hombres es muy simple... Probablemente, ya sabes dónde se encuentra. Pero muchos hombres no están familiarizados en modo alguno con los músculos de esta área del cuerpo. Todos los músculos individuales cercanos a la ingle –nalgas, abdomen, muslos y PC– pueden parecerte una gran masa muscular, por eso te enseñaré el modo más simple de encontrar el que nos interesa y aislarlo del resto.

◆ Primero, pon suavemente uno o dos dedos exactamente detrás de los testículos. Simula que estás orinando. Ahora intenta parar el flujo de la vejiga. Ese músculo que acabas de usar es el músculo PC. ¿Lo sentiste ponerse tenso? Quizá también notaste cómo el pene y los testículos «saltaron» un poquito.

◆ Es muy importante que los músculos del estómago y los del muslo permanezcan relajados. ¿Notaste que también se tensaron? Pues debes intentarlo otra vez.

◆ *Consejo*. Para este ejercicio no necesitas tener una erección; así que relájate y deja que el pene responda de forma natural.

Ejercicio 2. Juego de presión (3-5 minutos al día)

◆ Ahora que ya has encontrado el músculo, el próximo ejercicio es el siguiente: tres veces al día, flexiónalo veinte veces. Sosténlo uno o dos segundos cada vez y luego suéltalo. Es decir, veinte presiones tres veces al día.

◆ No tienes que mantener el dedo en él durante los ejercicios. Deberías ser capaz de sentir cómo se mueve internamente. Aunque, durante los primeros días, hasta que te habitúes, deberías hacerlo así. Piensa que ya podrás realizarlo más adelante con total normalidad.

◆ Procura mantener un ciclo de respiración normal, no intentes contener la respiración. Como cualquier otro ejercicio de formación muscular, una respiración adecuada es siempre importante.

◆ Repite este ejercicio tres veces al día, durante tres semanas. Y puedes practicarlo en cualquier momento.

Ejercicio 3. *La gran presión* (*2-3 minutos al día*)

◆ ¿Has practicado el ejercicio anterior como te indicaba, durante las tres últimas semanas? Bien. Ahora estás listo para aprender «la gran presión» («la presión potente» o «la compresión mortal», como también se la denomina). Debes continuar haciendo tus veinte presiones rápidas tres veces al día. Pero ahora vas a añadir diez presiones realmente lentas.

◆ Esto es lo que vas a hacer: tómate cinco segundos para presionar lentamente el PC tan fuerte como puedas; ahora contén la tensión durante cinco segundos completos –si te es posible–; finalmente, libera la tensión gradualmente durante los siguientes cinco segundos. En estas condiciones, deberías ser capaz de sentirte trabajando el músculo.

◆ Esto puede resultarte un poquito complicado al principio; quizá sólo seas capaz de hacer una o dos presiones de quince segundos antes de cansarte. No importa. Pero intenta aumentarlas en la medida que puedas, y llegar a diez repeticiones completas, que te deben durar, cada una, entre diez y quince segundos. Es probable que te lleve unos pocos días o incluso unas pocas semanas alcanzar este punto.

Sobre todo, es importante que no te exijas demasiado a ti mismo. Simplemente aprende a disfrutar del proceso y continúa presionando.

Un músculo agradecido

Ejercitar el PC es como cualquier otro entrenamiento. Cuanto más duro trabajes, más rápidos e impresionantes serán los resultados. Lo magnífico es que, a diferencia de algunos músculos, éste responde muy rápidamente.

No importa si practicas de forma intensa o leve, ya verás que no tendrán que pasar meses y meses antes de que notes la diferencia. La gratificación será inmediata. Pero tienes que ser constante.

Hay varios pasos para llegar a ser un hombre multiorgásmico, pero no olvides que desarrollar el músculo PC es el primero y más importante. Hagas lo que hagas, no le dediques poco tiempo. Aquí no hay plazos, no hay relojes y ningún jefe a quien informar. Lo más importante es que el trabajo se lleve a buen término.

¿Acaso eres una de esas personas que sacan el vídeo nuevo de la caja e intentan hacerlo funcionar sin leer el manual de instrucciones? Recuerda que esta actitud simplemente no te servirá mucho cuando trates de dominar las técnicas del orgasmo masculino múltiple.

Tómate este proceso como si afrontases una carrera de fondo y, no la final de los cien metros. Sólo así alcanzarás la meta antes de lo que te imaginas y allí te abrazará tu mayor admiradora.

Aprende a tocar, a sentir

Es frecuente que a la consulta de los sexólogos acudan parejas a causa de la preocupación de la mujer, que lamenta la falta de sensibilidad de su compañero durante el coito. Para ella, practicar el sexo es como tener una perforadora encima. Se queja de que él es como un robot, machacando, sin darse cuenta siquiera cuando la cabeza de ella golpea contra el cabezal de la cama.

El hombre acaba reconociendo que se siente alejado de su cuerpo cuando practica el sexo. También reconoce que está bastante ansioso: siente que sino lo hace exactamente de esa manera podría perder la erección. El pensamiento de retardar y experimentar el coito «al momento» le es totalmente ajeno. Se trata de un caso típico de pareja que mejoraría radicalmente su vida sexual si el hombre aprendiera a ser multiorgásmico. La doctora Keesling inicia su tratamiento con unos ejercicios de concentración sensitiva que el hombre puede hacer con su pareja o por su cuenta, y que le ayudan a experimentar su propio cuerpo.

La mayoría de los hombres tiende a estar más orientada hacia un objetivo: quieren «levantarlo» y «meterlo». En lo que a muchas mujeres se refiere, esto convierte el sexo en algo muy poco interesante, y también hace muy difícil que un hombre pueda tener un orgasmo múltiple.

Este apartado te ayudará a desarrollar una mayor apreciación de los cambios que ocurren en tu fisiología a medida que tienen lugar durante la excitación. Te ayudará a experimentar de forma más plena las sensaciones corporales más placenteras mientras suceden y preparan el escenario para prolongar e intensificar cada una de estas sensaciones.

Sensibilizarse sobre el propio proceso de excitación es realmente importante si quiere llegar a ser multiorgásmico. Un buen piloto no sólo sabe cómo volar; un buen piloto conoce el funcionamiento del avión ¡por dentro y por fuera! Un virtuoso no se limita a tocar el instrumento, sino que mantiene una relación íntima con él. Lo mismo se aplica al sexo. No es suficiente tener simplemente un pene; necesitas intimar con los muchos matices que tiene tu propia respuesta sexual.

¿Qué es la concentración sensitiva?

Las técnicas de concentración sensitiva son ejercicios estructurados de contacto sexual diseñados por terapeutas sexuales para ayudar a hombres y mujeres a concentrarse, a controlar y apreciar las experiencias del contacto, momento a momento: la excitación y la liberación. Estas técnicas, bien establecidas, crean un nivel de conciencia fisiológica que conduce a un control extraordinario de las diferentes fases de excitación, orgasmo y eyaculación.

Usaremos las técnicas de concentración sensitiva en la mayoría de nuestros ejercicios. ¡Alto! No son actos sexuales, son modos muy placenteros de tener contacto con la pareja. La excitación y el orgasmo no son el objetivo. Se trata de tener plena apreciación de las sensaciones que estás a punto de experimentar.

La concentración sensitiva
te guía hacia tu cuerpo

Para mucha gente, el sexo en una relación estable se convierte en algo rutinario. ¿Estás preocupado porque algo que una vez tuvo tanta emoción y fue tan apasionante ha perdido mucho de su «gancho»? ¿Buscas siempre nuevas fantasías para mantener vivo el fuego?

Una de las razones principales por las que el sexo pierde su chispa es el modo en que lo hacemos. La mayoría de la gente practica el sexo demasiado rápido. Parece como si todos tuviesen tanta premura por llegar al orgasmo que se pierden todas las cosas maravillosas que les suceden a sus cuerpos y a los de sus parejas, por el camino. Si quieres hacer más excitante y más erótica tu vida sexual, lo primero que debes hacer es dejar de correr. Y aquí es donde entra en juego la concentración sensitiva.

Las técnicas de concentración sensitiva lo demoran. Llevan tu cuerpo y el de tu pareja de forma que probablemente no has experimentado jamás. Las fantasías son maravillosas, pero tienden a sacarnos de nuestro cuerpo y meternos en nuestra cabeza. Además, algunas veces, pueden llevarnos en la dirección equivocada.

Lo que realmente tenemos que destacar de nuestra experiencia del sexo no es añadirle más fantasía, sino una dosis mayor de realidad. La concentración sensitiva le da esa realidad. Concentra tu atención y energía y te permite apreciar cada matiz erótico individual de tu excitación y de la de tu pareja. ¡Es el afrodisíaco definitivo!

Juega según las reglas

Antes de que comencemos, tienes que saber las tres «reglas» de la concentración sensitiva.

- *Primera regla.* Presta atención en dónde tocas exactamente o en dónde te tocan. Intenta estar lo más concentrado posible.

- *Segunda regla.* Vive el aquí y el ahora. No pienses en lo que sucedió la semana pasada o en lo que puede suceder el jueves próximo. Intenta alejarte de todo lo que no sucede en este preciso instante.
- *Tercera regla.* No te presiones. Si trabajas en pareja, tampoco la presiones a ella. A esto lo llamamos «interacción sin exigencia». Aquí no hay grados, ni bueno ni malo, ni correcto ni equivocado, simplemente se trata de tocar y de ser tocado.

Prepárate para los ejercicios

De ahora en adelante, haz todos los ejercicios del libro en una habitación tranquila donde no te distraigas. Vas a necesitar una cama (puede que prefieras una silla para los ejercicios en solitario). También debes tener a mano un poco de aceite para bebé, aceite para masaje, crema u otro lubricante (asegúrate de usar uno que no irrite los genitales). Ten cerca una toalla limpia. Si vas a usar preservativos, colócalos a tu alcance, por ejemplo, al lado de la cama.

Quizá pueda serte de ayuda tener un reloj para no perder completamente la noción del tiempo. Si hay teléfono en la habitación, descuélgalo. Si hay niños en casa, deberían estar con alguien de confianza. Ilumina la habitación según lo prefieras, pero no te recomiendo poner música: es mejor que seas capaz de concentrarte todo lo posible en las sensaciones que estás a punto de experimentar.

Aprende a acariciar los genitales

Hay muchas técnicas diferentes de concentración sensitiva. Sin embargo, para el objetivo de este libro, sólo hay una que necesitas aprender: cómo acariciar los genitales. Puedes desarrollarla en pareja (ejercicio 4) o por tu cuenta (ejercicio 5).

Necesitarás cerca de una hora para el ejercicio 4 y treinta minutos para el ejercicio 5.

Más ejercicios para aumentar la sensibilidad

Ejercicio 4. *Toque celestial (en pareja)*

◆ En este ejercicio uno de los miembros de la pareja jugará el papel activo, mientras el otro jugará el papel pasivo. No se puede ser activo y pasivo al mismo tiempo, pero podéis cambiar hacia la mitad, para que ninguno se sienta defraudado.

◆ Al principio, la mujer va a ser la parte pasiva. Lo primero que tiene que hacer es echarse boca arriba y ponerse muy cómoda. Necesita tomarse tiempo y relajarse completamente.

◆ Como parte activa, tú vas a empezar lentamente, deslizando suavemente la mano por la parte frontal del cuerpo de ella durante unos quince o veinte minutos. Tócala de manera lenta, muy lenta, concentrada. Con esa misma lentitud, empieza a acariciarle los genitales utilizando los dedos o la boca, tocando tanto la parte exterior como interior de la vagina. Usa abundante lubricación. Concéntrate en las áreas que estás tocando. Pon una especial atención en las sensaciones que te lleguen al tacto y a la vista y mantente absorto en esas sensaciones. Recuerda que ahora no hay exigencias. No la tocas para darle placer o para excitarla. La tocas para darte placer a ti mismo. Eso os resta presión a ambos.

◆ Todo lo que tu pareja debe hacer es yacer en silencio, relajada y sintiendo sus sensaciones. Debe estar completamente pasiva, con los ojos cerrados. No debe moverse. No debe intentar responderte.

Tampoco debe hablar, a menos que la incomodes. Sólo tiene que sentir cómo la tocas.

◆ Si te distraes, es conveniente que vuelvas a concentrarte suavemente donde la estás acariciando. Si notas que su cuerpo se pone tenso, dale una ligera palmadita en la pierna como señal para que se relaje.

◆ Intenta estar muy concentrado, profundamente absorto en tocarla y en cómo ella lo siente. Si tu mente empieza a divagar, tienes que volver a concentrarte suavemente en las caricias. No importa las veces que te despistes. Lo que importa es que, cada vez que te ocurra, seas capaz de volver al ejercicio.

◆ Ésta es una técnica maravillosa para aprender a relajarse y conectar con tus sensaciones. Su único fin es que obtengas tanto placer como sea posible, mientras a tu pareja le ocurre lo mismo. Si sientes que lo comienzas a practicar de manera mecánica o que te aburres al acariciar, cambia el ritmo, intenta que sea cada vez más lento.

◆ *Consejo*: Si empiezas a frotar el clítoris o intentas excitarla conscientemente, ella será capaz de notar el cambio de tus intenciones. Así que, no intentes cambiar las reglas. Cíñete al ejercicio.

◆ Ahora te toca a ti. Una vez que hayas jugado el papel activo durante unos veinte minutos, podéis cambiar las posiciones. (Por supuesto, puedes estar más rato si lo deseas) Esta vez, tú serás el pasivo.

◆ Túmbate boca arriba con las piernas ligeramente extendidas tratando de estar cómodo. Pon los brazos estirados a los lados o colócalos detrás de la cabeza. Una vez que hayas adoptado una posición, intenta no cambiarla.

◆ Tu pareja pasará los próximos veinte minutos (más o menos) acariciándote la parte frontal del cuerpo, concentrándose principalmente en los genitales. Os aconsejo que uséis aceite de bebé o cualquier lubricante que os guste a ambos. Ella puede acariciarte con las manos, con la boca o con ambas.

◆ Tu trabajo ahora es permanecer concentrado en la forma en que te toca y en cómo lo sientes. No te muevas y no hables. Deja que tu pareja explore la sensación de tocarte el pene y el escroto.

◆ No importa si tienes una erección o no. Un pene blando le debería parecer a ella tan bueno como uno duro; simplemente se sienten de manera diferente. Ella se concentrará sólo en la sensación de tocarte, no en tu excitación (ni en la de ella). Si tienes una erección, es muy importante que entienda que no tiene que «hacer nada». Lo único que debe importarle es gozar de las sensaciones de tu excitación.

◆ *Consejo*. Asegúrate de que tu pareja sabe que el ejercicio no tiene el objetivo de excitarte. Lo tiene que hacer es tocarte de modo que ella se sienta bien.

◆ No flexiones el músculo PC durante este ejercicio ni contengas la respiración. Simplemente cierra los ojos, relájate y concéntrate en las caricias. Si te excita mucho y eyaculas, también está bien. Simplemente deja que tu pareja lo limpie y continúe con las caricias. Lo importante es que no intentes forzar nada.

◆ Si tu pareja siente que te pones tenso, debería hacerte una señal para que te relajes, como darte una palmadita suave en la pierna. Tú sólo deberías hablarle si ella hace algo que te incomode. De lo contrario, simplemente abandónate al momento y goza de las sensaciones.

◆ Si te encuentras un tanto desconcentrado, vuelve a centrar tu atención en el lugar donde te está tocando tu pareja. No importa con cuánta frecuencia te extravíes. Sólo sigue practicando.

◆ Si no tienes pareja, o si prefieres practicar por tu cuenta, la concentración sensitiva de acariciar los genitales es también bastante placentera.

◆ Es importante recordar que esto no es un ejercicio de masturbación: es un modo de experimentar las numerosas sensaciones ricas que produce la propia excitación. ¡La eyaculación no es el objetivo! Si te ocurre, está bien, pero no estás intentando que suceda. Tu objetivo es simplemente crear y experimentar tanta sensación en el pene como sea posible.

Ejercicio 5. Por fin solo (en solitario)

◆ Túmbate boca arriba, cierra los ojos y ponte muy cómodo (puede que prefieras sentarte en una silla). Usa una lubricación abundante, y comienza a acariciarte de forma lenta y suave. Quizá prefieras empezar por los pezones o los muslos, puesto que ambos son, probablemente, bastante sensibles. Luego, dirígete lentamente hacia los genitales.

◆ Una vez que comiences a acariciarte el pene, no te frotes como en una masturbación. ¡No intentes excitarte! Explora cada pliegue y cada arruga de esta zona y, sobre todo, tómate todo el tiempo que sea necesario.

◆ Recuerda que lo más importante es estar tan relajado como te sea posible y concentrarte en el aquí y el ahora. No estás intentando hacer otra cosa que gozar de las sensaciones. Si tienes una erección, bien, sino también, pero no deberías hacer algo para intentar tenerla. Éste es un ejercicio sin exigencias. Todo lo que tienes que hacer es experimentar la riqueza de tu propia excitación.

◆ *Consejo*. Si tienes pensamientos del tipo «me pregunto si podría tener un orgasmo», estás pensando en tu rendimiento. Esto significa que, aunque sutilmente, te estás presionando. Deséchalos. Simplemente quédate en las sensaciones. Éste es tu único objetivo, por el momento.

- ◆ Si tu mente empieza a divagar, intenta volver suavemente a las sensaciones que estás experimentando. Puede que te ocurra varias veces: no pasa nada. Simplemente vuelve a concentrarte en el ejercicio.

- ◆ Te sugiero que lo practiques durante unos veinte minutos, sino más. Treinta minutos es lo ideal. A veces, la ausencia de la pareja hace que haya tendencia a apresurarlo todo y eso desvirtúa el propósito entero que tiene la concentración sensitiva. Recuerda que el énfasis se da en la sensualidad, no en la sexualidad. Algunos hombres se sienten un poco autoconscientes cuando realizan este ejercicio. Es muy normal, especialmente sino te masturbas a menudo, o tiendes a correr hasta el punto del clímax. No debes preocuparte. La sensación de incomodidad pasará rápido.

Seguro que parece bueno, pero...

Acariciar los genitales suena ¡de muerte! Sólo por eso ya merece la pena aprender cómo hacerlo. De ahora en adelante, casi cada ejercicio de este libro comienza con este tipo de caricias. Esa es otra buena razón para conocerlas. Pero, ¿por qué es tan importante?

La concentración sensitiva de acariciar los genitales te permite poner atención en las sensaciones sin distraerte. Te permite concentrarte, estar en el aquí y el ahora. Y os quita presión a ti y a tu pareja. Tienes que ser capaz de hacer todas estas cosas para dominar el arte del orgasmo masculino múltiple.

Podemos hablar y hablar sobre los muchos beneficios de la concentración sensitiva de acariciar los genitales, pero lo que necesitas es algo de experiencia práctica, sentirlos. Goza, repite los ejercicios tantas veces como quieras, pero recuerda que el placer que obtienes ahora mismo es sólo la primera de las recompensas.

Excitado y consciente

Es necesario saber dónde estás para saber a dónde vas. Desgraciadamente, la mayoría de los hombres tiene una conciencia muy limitada de su propia respuesta sexual y no siempre sabe lo que siente o experimenta en el momento. Saben que sucede algo placentero, pero no saben exactamente qué es ese algo. Saben que están excitados, eso es seguro, pero no están en contacto con las sutilezas de su propia experiencia. Y esto es muy limitador, tanto para el hombre como para su pareja.

Este apartado te enseñará lo que sucede en tu cuerpo durante las diversas etapas de la excitación. Aprenderás a escuchar lo que dice tu cuerpo y a trabajar con esas señales para maximizar tanto tu placer como el que le das a tu pareja.

Si preguntamos al hombre corriente si se siente excitado, ¿qué dice? «Sí» o «no». Le pedimos que describa su excitación y, ¿qué dice? No mucho más. Pero hablando con un hombre multiorgásmico de su excitación se tiene una conversación muy diferente. Los hombres multiorgásmicos son maestros de su propia excitación. Conocen los matices de su experiencia erótica y se benefician de su sensibilidad para prolongar y magnificar esa experiencia. Pídele a un hombre multiorgásmico que te describa su excitación y te pasará por lo menos cinco páginas. Incluso podría redactarla en un poema.

La excitación sexual es, de hecho, un proceso muy complejo y sofisticado. Hay muchos niveles de excitación, y cada uno tiene sus sensaciones distintas. Algunos cambios son sutiles, otros, profundos, pero no es algo «blanco» o «negro». Se parece mucho más a un arco iris. En lo que ahora nos vamos a concentrar es en aprender a reconocer y a apreciar esos colores diferentes del arco iris llegando a ser más conscientes de las diferencias sutiles de cada uno.

Una vez que te hayas sensibilizado con los numerosos niveles de excitación que vas a comenzar a experimentar, tendrás una relación mucho más íntima con tu propio cuerpo. Esto será realmente importante cuando empieces a trabajar hacia el primer orgasmo múltiple. Si el orgasmo múltiple es tu objetivo no es suficiente alcanzar un grado de excitación. Debes estar excitado y consciente. Es como aprender a componer música. Todo puede sonarte bien al oído, pero es difícil componer una canción sin conocer todas las notas de la escala.

Una vez que hayas completado los ejercicios de este apartado, conocerás los diferentes niveles que puedes lograr del mismo modo que un compositor conoce las notas de la escala. Para hacerlo más fácil, vamos a establecer nuestra propia medida: una «escala de excitación».

Conocer las escalas

Nuestra escala de excitación va a ser una escala muy simple que irá del 1 al 10, siendo el 1 el nivel más bajo de excitación y el 10 el nivel más alto.

Comencemos por el nivel 1. Ésta es tu línea de base. ¿Qué aspecto tiene? Imagina la tarde de un caluroso sábado veraniego. Acabas de terminar de comer y piensas en hacer la colada. Tu perro quiere salir a pasear y tu automóvil necesita un lavado. Por tu mente no se cruza ningún pensamiento sexual. No experimentas excitación alguna. Ninguna. ¿Te lo puedes imaginar? En ese momento estás en el nivel 1.

Saltemos ahora al nivel 10. Es un nivel fácil, el nivel 10 es el orgasmo, la gran «O», el fin del trayecto.

Magnífico. Ahora, todo lo que tenemos que hacer es establecer lo que hay en medio. El nivel 2 ó el nivel 3 es esa ligera sensación de pinchazo que el hombre siente en la base del pene cuando comienza a excitarse. La bestia interior se agita con el primer soplo de algo atrayente en el aire. Es sutil, pero ya está ahí.

A continuación viene el nivel 4. Es un nivel bajo, estable, de excitación. Ahora es más que un pinchazo... Y te sientes bien. Todavía podrías parar sin demasiada dificultad, pero eso cambiará enseguida, porque en el nivel 5 y en el nivel 6 la excitación es ya considerable. Ahora estás realmente por la labor. Una vez has alcanzado estos niveles, no quieres pensar en detenerte: te sientes demasiado bien.

En el momento en que llegas al nivel 7 ó al 8 sentirás cómo el corazón te late violentamente y quizá te suba el color a las mejillas. Si tuvieses que hablar, probablemente te faltaría la respiración. El nivel 9 es aún más intenso. Ahora no estás lejos de la cima, te encuentras muy cerca del orgasmo. En el nivel 9, el mundo exterior ha quedado muy lejos.

Justo antes del nivel 10 hay un punto muy crucial que la doctora Keesling llama «el punto sin retorno». Hace referencia, comúnmente, al «punto de inevitabilidad». Puede que el nombre no te suene, pero sí conoces la sensación. Es ese punto en que queda claro que vas a tener un orgasmo. El punto de inevitabilidad se alcanza a través de una serie de cambios fisiológicos del cuerpo, pero se experimenta subjetivamente como un punto psicológico de inflexión.

Una vez que has llegado a ese momento, no hay vuelta atrás. El cuerpo se ha comprometido para tener ese orgasmo. El cielo podría venirse abajo y las nubes podrían chocar, pero eso no te preocupa en absoluto. El gran orgasmo está en camino.

En nuestra escala del 1 al 10, este «punto sin retorno» se registraría como un 9'9, un número muy importante que debes recordar, por las razones que te explicamos más adelante.

La práctica hace la perfección

Hablar sobre los niveles de excitación puede ser un poco abstracto. Lo que necesitas es experimentarlos. Es el único modo de dominar verdaderamente el sistema. Uno de los modos en que aprenderás cada nivel es comparándolo con el nivel anterior o con el siguiente. Puedes preguntarte «¿Cómo sé lo que es un 3?» Es un poco más alto que un 2. «¿Cómo sé que estoy en el 7?» Porque has pasado definitivamente el 5 ó el 6, pero no has llegado al nivel 8.

Tranquilo, seguro que ahora no te parecerá muy claro, pero una vez que hayas empezado, las dudas se irán despejando. Fíjate en que estos números están relacionados unos con otros. Lo importante es que cada nivel se siente ligeramente diferente. Las únicas asignaciones numéricas absolutas son el 1, en el que no hay excitación; el 9'9, que es el punto sin retorno, y el 10, cuando llegas el orgasmo.

No te preocupes si crees que tu nivel 4 corresponde al 5 de otro hombre; no se trata de establecer unos parámetros cerrados y completamente delimitados, no existe un 3 definitivo o un 6 como única definición. Lo que importa son tus niveles relativos de excitación y eso es lo que tienes que conocer.

Ya sé que usar números para describir la excitación puede parecer un poco frío, incluso te podría hacer sentir ridículo tratar de evaluarte, pero debes tomar este sistema numérico muy en serio: si quieres dominar las técnicas, tienes que practicar las escalas.

Consejo. Estos niveles no son para juzgar tu rendimiento. No se trata de un examen en el que debas sacar nota. Un 6 no es mejor que un 3; un 4 no es peor que un 7. Simplemente son diferentes. Aquí no hay bueno ni malo, correcto ni equivocado. No se te va a calificar ni a juzgar. El único propósito es llegar a intimar más con los cambios sutiles del cuerpo durante la excitación.

¿Qué hay de la erección?

Habrás visto que no hemos dicho nada sobre las erecciones. Es muy común en los hombres equiparar excitación con erección, pero no son la misma cosa.

La excitación es un sentimiento, una sensación subjetiva que puede experimentarse por todo el cuerpo, aunque se percibe de manera más aguda en los genitales.

La erección, sin embargo, hace referencia a la dureza del pene. Es una medida muy objetiva de la dureza, que es reflejo directo del flujo sanguíneo en este órgano.

Un hombre puede sentirse muy excitado... increíblemente excitado... y, sin embargo, no tener una erección. Quizá te hayas sentido así después de una larga noche de amor, cuando la mente te pide que sigas pero el pene te pide un descanso. Es posible que te haya ocurrido así con una nueva pareja, que te excitó totalmente, pero que también te puso totalmente nervioso. Hay muchos hombres que, de hecho, han tenido la experiencia de sentirse excitados hasta el punto del orgasmo sin tener la erección.

Cabe la posibilidad de que tengas una erección plena en el nivel 4; o puede que no la experimentes hasta el nivel 6. O es factible, como la mayoría de los hombres, que sea diferente según los días. En esta fase de entrenamiento no tiene la mayor importancia, porque aquí no nos vamos a preocupar mucho de las erecciones. Nuestra preocupación es el nivel de excitación.

Como habrás aprendido, probablemente por experiencia propia, concentrarte intensamente en la erección es una buena forma para conseguir que no ocurra. Por otra parte, cuando la dejas sola, tiende a «volver a casa», así que no pienses en ello. Ahora mismo, lo que tienes que hacer es concentrarte en los números.

¿Puedes alcanzar un pico?

Para aprender a definir tu escala de excitación, debes conocer primero cómo «alcanzar un pico». Esto significa elevar la excitación hasta cierto nivel y, entonces, hacerla bajar inmediatamente. Por ejemplo, puedes hacer crecer la excitación hasta el nivel 6 y luego dejarla caer. Eso es un pico del nivel 6. O puedes llegar hasta el nivel 9 y luego bajar al nivel 1. Eso es un pico del nivel 9.

Recuerda que estamos hablando aquí de excitación, no de erección. Esto es diferente a intentar mantener la excitación en un nivel dado (lo que se conoce como «alcanzar una meseta»). Aprenderás a alcanzar una meseta en el apartado próximo.

Si al principio este ejercicio te resulta difícil o frustrante, no te preocupes. La mayoría necesita practicarlo varias veces para «captarlo» realmente.

Trabajar en pareja puede ser una gran ayuda, puesto que la experiencia objetiva que te aporte será ligeramente diferente en cada nivel. Hazle saber que sus observaciones serán bien recibidas.

El ejercicio 6 tiene una duración de unos quince o veinte minutos y no requiere pareja. El ejercicio 7 se hace entre ambos y es un poco más largo.

Continúa con los ejercicios

Ejercicio 6. *Escalar el Everest* *(en solitario)*

◆ Tienes que tumbarte o sentarte muy cómodamente. Ponte algún lubricante en la mano y en el pene. Lo que vas a hacer ahora es empezar a acariciarte los genitales tal como aprendiste en el ejercicio 5. Pasa la mano suave y lentamente hasta que alcances lo que consideras que es tu nivel 4 de excitación. Es decir, pasar del estado del «pinchazo» hasta el punto en que sientes un «murmullo» bajo, estable. Recuerda que no te estás masturbando, te estás acariciando.

◆ Cuando llegues al nivel 4, detén la estimulación y respira profundamente... Hazlo de forma lenta y profunda. Debes comprobar si el músculo PC, los de la cadera y los de los muslos están realmente relajados. Bien. Ahora deja bajar la excitación un par de niveles, hasta el 2. Tómate tiempo. ¡Acabas de alcanzar tu primer pico en el nivel 4!

◆ Una vez que hayas descendido hasta el nivel 2, debes comenzar de nuevo la escalada. Reanuda las caricias, esta vez mira a ver si puedes llegar al nivel 6. Quizá necesites frotarte un poquito más fuerte. Cuando lo alcances, vuelve a detenerte. Respira profunda y lentamente, y deja que la excitación baje unos pocos niveles, hasta alrededor del nivel 4. Asegúrate de que todos los músculos están completamente relajados. ¡Magnífico! Acabas de alcanzar un pico en el nivel 6.

◆ Continúa este ejercicio durante unos quince o veinte minutos más. Intenta alcanzar picos en el nivel 4, el 6, el 7, el 8 y el nivel 9, que es precisamente el momento anterior a nuestro «punto sin retorno». En cada nivel es importante detener la estimulación, relajarte, respirar profundamente y asegurarte de que todos los músculos estén relajados. Baja siempre al menos un nivel, preferiblemente dos, después de cada pico.

◆ **Consejo.** No intentes excitarte en espiral, como si quisieras salir disparado desde el nivel 3 al nivel 8. El objetivo de estos ejercicios es intentar prolongar la excitación en una serie extensa de picos gradualmente crecientes. Si la excitación fuese a ponerse en un gráfico, la línea sería como una onda, no como una aguja.

◆ Tampoco apresures los picos. Cada ciclo de subida y bajada debería llevarte cuatro o cinco minutos. Alárgalos. Déjalos crecer lentamente y saborea cada uno de ellos. A medida que los picos son más altos, relajarte puede ser más y más difícil. Un modo de superarlo es respirar más profundamente en cada nivel.

◆ Si toda esta estimulación te produce deseos de eyacular, adelante. Si no ocurre así, puedes detener el ejercicio una vez que hayas completado cuatro o cinco picos. Y no te obsesiones intentando llegar hasta el 8 ó el 9 la primera vez; lo irás logrando con la práctica.

◆ En el fondo, tendrás que ser capaz de alcanzar picos en niveles muy altos, pero descubrirás que no es difícil, una vez que te acostumbres al proceso completo. Repitiendo este ejercicio aprenderás a reconocer y a sentirte cómodo en los diferentes niveles y aunque no lo creas, no pasará mucho tiempo antes de que puedas diferenciar incluso entre un 8, un 8'5, un 9 y un 9'5. Estos finos matices convertirán el camino hacia el orgasmo múltiple en un paseo.

Ejercicio 7. Picos gemelos (en pareja)

◆ ¿Te gustaría practicar estos ejercicios en pareja? Primero, tienes que tumbarte boca arriba, cerrar los ojos y ponerte muy cómodo. Ella comenzará acariciándote los genitales, tratando de sentir las diferentes sensaciones que le produce. Debe ser agradable y lento, concentrándose en su propio placer. Puede usar las manos, la boca o ambas, según lo prefiera. Tu sólo debes concentrarte en lo que sientes.

◆ Debes acordar con tu pareja que le avisarás cuando creas que has llegado al nivel 4 de excitación. No importa el tiempo que te lleve. Goza de sus caricias. Simplemente tienes que decir la palabra «cuatro» cuando creas que ya estás en ese nivel. En ese momento, ella deberá detenerse. Comprueba que todos los músculos estén relajados, respira profundamente y deja descender tu excitación uno o dos niveles. Cuando hayas bajado lo suficiente, avísale que puede empezar de nuevo. Para no interrumpir esos momentos de serenidad, podéis acordar de antemano una convención, como asentir con la cabeza, un guiño, señalar hacia arriba con el pulgar...

◆ Tu pareja debería empezar a estimularte de nuevo muy lentamente, de manera muy concentrada. Entonces te dirá: «¿Por qué no me avisas cuando alcances el nivel 6?» Goza de las caricias hasta que logres el punto de excitación que consideras oportuno, no tengas prisa. Entonces, cuando llegues, avísale diciendo «seis». Ella parará inmediatamente, debes repetir el proceso de respiración y de relajación y bajar un par de niveles. Una vez que lo hayas conseguido y creas que estás listo para empezar de nuevo, dale la señal para reanudar el proceso.

◆ Continuando de esta manera, intenta llegar hasta los niveles 7, 8, 9 y 10, si es posible. Por supuesto, está en tus manos detenerte en el punto que consideres oportuno. Depende de cómo te sientas durante el ejercicio puedes, o no, «ir» hasta el orgasmo. Lo más importante es que no te presiones.

◆ No importa el número que alcances ahora mismo, estás aprendiendo a escuchar tu cuerpo, así que si prefieres mantenerte en los niveles más bajos durante un rato, pues adelante. Si quieres ir hasta el nivel 10 y tener un orgasmo, también es magnífico. Recuerda que esto sólo depende de ti, así que pregúntate: «¿Qué quiero hoy?» Piensa que es para tu propio placer.

◆ Si realmente te tomas el tiempo, puedes prolongar este ejercicio durante una hora, más o menos. Para hacer que sea una experiencia todavía más agradable para ambos, puedes comenzar acariciando a tu pareja, incluso, si ella quiere, podría aprender a tener sus propios picos.

◆ *Consejo.* Ten en cuenta que es posible «excederse en el pico». Si haces más de tres o cuatro picos realmente altos en una sesión, puede que te encuentres, temporalmente, incapacitado para eyacular. No te asustes: no has hecho nada equivocado. La doctora Keesling llama este fenómeno «apagón del pene». Puede parecer un tanto insólito, pero no es duradero. La solución es parar el ejercicio durante diez minutos aproximadamente, y todo volverá a la normalidad.

¿Adelante o arriba?

Cuando hayas realizado por completo los ejercicios de este apartado varias veces, tendrás una visión más sofisticada de tu propia excitación. Esto es realmente importante. Si tu pareja ha hecho los ejercicios contigo, también sintonizará con tu cuerpo más íntimamente. Cuanto más sepa ella sobre tus picos, más podrá implicarse después, y será una experiencia más excitante para ambos.

Practica estos ejercicios tantas veces como necesites para sentirte verdaderamente cómodo con los diferentes niveles. Recuerda: el objetivo no es tener un orgasmo. No te sientas presionado intentando alcanzar el clímax cada vez que lo haces. Si quieres tener un orgasmo, deja que suceda; sino, no lo fuerces. Y sobre todo, no quieras ir más rápido de lo que te marcan los ejercicios y tu propio cuerpo, no lo apresures porque no puedas esperarte hasta el final: con eso sólo conseguirás tener que retroceder de nuevo hasta este punto. Estás construyendo los cimientos aquí y tienen que ser sólidos, así que tómate tiempo, pronto llegarás a la cumbre.

Una vez que has aprendido las escalas, estás listo para pasar al ítem siguiente. Mientras algunos hombres están ávidos por continuar, otros es posible que no tengan prisa por salir de aquí. La verdad es que resulta muy agradable, así que si te estás divirtiendo tanto que no quieres dejar este apartado, eres libre de permanecer aquí un rato y perfeccionar tu sensibilidad. Después de todo, nunca se es demasiado consciente de la propia excitación. Pero no olvides que ¡hay mucho más esperándote en el apartado siguiente!

El orgasmo, la eyaculación y tú

Aprender a ser multiorgásmico es como seguir la receta de un postre muy exótico. Para elaborarlo ¡y que quede delicioso! Debes disponer de todos los ingredientes. Hemos pasado los dos apartados anteriores encontrando y preparando algunos de los más importantes de esta receta tan especial. Has aprendido cosas sobre el músculo PC, el ingrediente clave, y afortunadamente, estás fortaleciendo y poniendo a punto el tuyo, incluso mientras lees estas líneas. Has conocido también la concentración sensitiva, la interacción sin exigencias y el punto sin retorno. Has descubierto los muchos niveles que puede alcanzar tu propia excitación y el placer de alcanzar picos en ellos.

Ahora estamos listos para sacar los tazones de mezclas y empezar a combinar algunos de nuestros ingredientes. También tenemos unos cuantos temas más que añadir. Ya sé que estarás ansioso por llegar a los ejercicios cruciales, que se encuentran unas páginas más adelante, pero ahora ya no tardarás mucho. Todo buen cocinero te dirá que el secreto de la cocina está en el tiempo de cocción que se dedica a cada alimento... Así que relájate, respira profundamente e intenta sacar el máximo partido de estos ejercicios.

Alcanzando picos con el músculo PC

Una vez que has aprendido a alcanzar picos en varios niveles, estás listo para aprender a usar el músculo PC que te ayudará a controlar esos picos. Un músculo fuerte trabaja como un buen sistema de frenos de un coche. Puedes usarlo para controlar la excitación, del mismo modo que empleas los frenos para suavizar la velocidad, y ni siquiera necesitas un permiso de conducir para empezar a practicar. Suena bien, ¿verdad?

Pero aquí viene la parte más positiva: si desarrollas la fuerza de tu músculo puedes hacer mucho más que simplemente controlar la excitación. Será también el «freno» que usarás para contener la eyaculación mientras tengas un orgasmo.

Ya aprendiste a bajar la excitación parando la estimulación en cada pico. En los dos ejercicios siguientes vas a aprender a obtener los mismos resultados de una manera mucho más eficaz, presionando sobre él. Aprender a usar los frenos en estos ejercicios es un poco complicado porque, de hecho, hay tres modos diferentes de presionar cuando se está excitado:

- una presión larga y dura,
- dos presiones medianas,
- varias presiones rápidas, en serie.

Los tres métodos funcionan, pero seguro que habrá uno que te resulta mejor, sólo tienes que descubrirlo. Cada hombre es diferente, y eso significa que vas a tener que experimentar los distintos estilos para encontrar el que interfiera menos con tu erección.

El ejercicio 8 es para aquellos hombres que practiquen solos. El ejercicio 9 es para hombres que practiquen en pareja. Estos ejercicios son muy importantes, así que tómate tu tiempo.

Ejercicio 8. El rey de la carretera (en solitario)

◆ Vamos a comenzar este ejercicio del mismo modo que empezamos el primero de los picos (ejercicio 6. Escalar el Everest, ¿lo recuerdas?). Túmbate o siéntate cómodamente y usa un lubricante. Comienza a acariciarte los genitales. Frota el pene de manera lenta, suave, sintiendo como va creciendo gradualmente el nivel de excitación.

◆ Haz el primer pico en el nivel 4, pero esta vez, cuando lo alcances, continua frotándote. No pares la estimulación; en vez de esto, pisa el freno, es decir, actúa sobre el músculo PC una o dos presiones medianas, o tres rápidas. Luego respira larga y profundamente, durante varios segundos. Una vez hecho esto, deja de acariciarte y asegúrate de que todos los músculos están relajados. Ahora haz bajar la excitación dos niveles, hasta el 2.

◆ Deberías notar que, aunque todavía te estabas acariciando, presionar el músculo PC impidió que la excitación fuera mayor. Incluso puede que te haya hecho bajar un nivel. Para bajar dos niveles, la mayoría de los hombres tienen que parar las caricias; por ello debes detenerte después de respirar profundamente.

◆ Ahora ensaya para un pico en el nivel 6. Comienza de nuevo a acariciarte y disfruta plenamente de las numerosas sensaciones que aparecen a medida que el tono empieza a elevarse. Cuando alcances el nivel 6, no pares de acariciarte. En vez de eso, vuelve a ejercer una o dos presiones firmes, o tres rápidas. Mantén una respiración larga y profunda. Ahora detén la estimulación y baja al nivel 4.

◆ Intenta realizar este ejercicio durante los próximos quince o veinte minutos, haciendo varios picos más. Si puedes, llega hasta el nivel 7, el 8, e incluso el 9. En este caso, hay varias cosas que tienes que saber:

1. Cuanto más alto vayas, más larga y profundamente debes respirar.

2. Cuanto más elevado sea el nivel que alcances, más duramente vas a tener que presionar el músculo PC.

◆ En el nivel 9, por ejemplo, probablemente tendrás que darle una o dos presiones realmente largas al músculo PC, realmente duras y vas a tener que respirar muy larga y profundamente. De nuevo volvamos al ejemplo de conducir un coche: a velocidades altas, tienes que apretar los frenos para detenerte enseguida. Así que goza de la conducción, pero no tengas miedo de apretar a fondo «el pedal» si llega el momento oportuno.

Ejercicio 9. Conducir a la luz de la luna (en pareja)

◆ Alcanzar picos es un ejercicio magnífico para realizarlo en pareja. Para comenzar, adopta la posición habitual: tumbado boca arriba y muy cómodo, utilizando mucha lubricación. Tu compañera puede comenzar a acariciarte y llegar a los genitales. Recuérdale que puede usar estimulación oral o manual, lo que ella prefiera.

◆ Cuando llegues al nivel 4 de tu escala de excitación, presiona el músculo PC acompasando la respiración. Esto debería impedir que la excitación aumente, incluso aunque tu pareja no haya parado de acariciarte. También podría hacerte bajar un nivel. Respirar profundamente es la señal para que tu pareja vaya frenando. De hecho, debería esperarse hasta que concluyas el ejercicio de respiración para ir deteniéndose.

◆ En este punto, trata de disminuir la excitación dos niveles completos y sólo cuando estés seguro de haberlo logrado, podréis continuar. Acordad un señal para este momento y así ella reanudará las caricias. Ahora intentad llegar a un pico en el nivel 6. Debéis repetir el mismo proceso que antes, llegando a descender hasta el nivel 4.

◆ A medida que aprendas a controlar la presión sobre el músculo, puedes avanzar hasta los niveles 7, 8 y 9. Sólo recuerda que cuanto más alto sea el nivel al que llegas, tienes que presionar con más fuerza. Tranquilo, no tengas miedo de pisar el freno, aquí no se gastan los cojinetes. Por eso los ejercicios preliminares son tan importantes y sólo si los hiciste correctamente ahora notarás los resultados.

◆ Recuerda que la respiración es muy importante, debe ser cada vez más larga y profunda, sobre todo al subir de nivel.

◆ *Consejo*. Podéis compartir los ejercicios. Una vez que tú has alcanzado uno, puedes intentar que tu pareja llegue también a tenerlo. Incluso sino lo desea, apreciará tu atención de preguntarle e intentar hacerla partícipe.

Una posición envidiable

¿Crees que estás listo para lograr un poquito más de excitación? ¿Y tu pareja... está preparada también? Hay un aspecto del que todavía no hemos hablado mucho: el intercambio; pero creo que ha llegado el momento de comentarlo... y de ponerlo en práctica. Éste es el punto definitivo. Los ejercicios llegan a ser tan excitantes y tan eróticos, que te resultará difícil llamarlos así pero, lo creas o no, todavía estamos en la fase de prácticas, específicamente diseñadas para acercarte más y más al objetivo que te ha traído hasta aquí: el orgasmo múltiple.

Si ya las caricias de tu pareja te provocan una erección bastante intensa, es un buen momento para incorporar el intercambio en el programa. El ejercicio 10 te mostrará la manera de hacerlo, pero primero, tenemos que hablar un momento sobre las posiciones. A lo largo de los años en que mis colegas y yo hemos trabajado con estas técnicas y según nuestra experiencia, hay una posición que ofrece mayores beneficios en la aplicación de las técnicas que estás aprendiendo, al mismo tiempo que requiere un esfuerzo mínimo. No quiero parecer un ingeniero mecánico, pero en esta posición que estás a punto de aprender, todos los ángulos son ideales, igual que el movimiento y la contracción. Mejor que eso, parece magnífica.

Cada pareja es diferente, y es muy probable encontréis una o más posiciones diferentes que os resulten mejores que la que recomiendo. Probad cualquier otra opción que os interese, divertíos con ella, y sobre todo, jugad, sólo así descubriréis cuál es vuestra favorita. De todas formas, podéis comenzar experimentando ésta que os propongo.

La mujer deberá tumbarse boca arriba y sentirse muy cómoda. Quizá te pida que coloques una almohada bajo sus nalgas, en la parte inferior de la espalda, para estar más cómoda. Ahora debe levantar las piernas en el aire, extenderlas cómodamente y doblar las rodillas. Cuando esté dispuesta, acércate a ella de rodillas de forma que quedes entre sus piernas. Fíjate que vas a usar las rodillas, y no los brazos, para aguantar la mayor parte de tu peso. Para eso, tu centro de gravedad ha de situarse en las caderas, sólo así lograrás disminuir la tensión muscular del torso durante el ejercicio. Desde esta posición penetrarás a la mujer. Ahora debes estar imaginándote cómo quedaréis y debes pensar que es algo difícil. Después de todo, aquí estamos haciendo el amor, no rosquillas. Pero recuerda la importancia de tener los músculos relajados durante estos ejercicios. En algunas posturas de intercambio, sencillamente resulta imposible lograrlo, y eso puede hacer que el aprendizaje sea más dispendioso. La posición que acabo de describir también te facilita que puedas mantener una respiración adecuada. Como ya te he explicado antes, una buena técnica de respiración es fundamental en estos ejercicios.

Ejercicio 10. Operación dragón (en pareja)

◆ Este ejercicio comienza como el ejercicio 9 (conducción a la luz de la luna). Te tiendes boca arriba y recibes las caricias de tu pareja, siguiendo la concentración sensitiva. Lo primero que debes lograr es alcanzar dos picos, uno en el nivel 4 y otro en el nivel 6, utilizando el músculo PC para frenar la excitación. Cuando comiences a respirar profundamente, tu pareja parará de acariciarte.

◆ Si tienes una erección bastante fuerte cuando llegues al pico del nivel 6, estarás listo para entrar en el interior de tu pareja. (sino la tienes todavía, no la fuerces, espera hasta alcanzar el nivel 8 ó el 9).

◆ Lo primero que debéis que hacer es intercambiar posiciones. Tu pareja ha de tumbarse boca arriba, levantar las piernas y extenderlas lo suficientemente separadas, y doblar las rodillas. Recuérdale que ha de sentirse cómoda.

◆ Mientras, tú tienes que arrodillarte entre sus piernas, manteniendo el peso con las caderas y las rodillas. Ahora ya puedes introducir el pene y comenzar a empujar lenta y suavemente. Se trata de disfrutar, así que no pienses que vas demasiado lento. Muévete dentro y fuera de la vagina, balanceando o bamboleando la pelvis. No tenses los músculos, todavía estás practicando un ejercicio no demasiado exigente, piensa que acaricias el interior de la vagina con el pene y concéntrate en las sensaciones que vais experimentando. No pienses en el rendimiento, sólo en el placer. Si tu mente empieza a divagar, hazla volver suavemente hacia las sensaciones que tienes en este momento. En este momento, tu pareja debería estar concentrándose en sus propias sensaciones, si le prestas verdadera atención, sus niveles de excitación alcanzarán los tuyos y ambos os sentiréis conectados. Estáis escalando juntos estas montañas.

◆ El siguiente paso es alcanzar un pico en el nivel 7 y para lograrlo necesitarás aumentar lentamente la velocidad, al empujar. Tranquilo, no debes imprimir un ritmo frenético, sólo parcialmente, y cuando llegues, vuelve a pisar el freno (si has seguido todos los ejercicios, ya habrás descubierto el modo de presionar el músculo que te resulta mejor). Recuerda mantener una respiración profunda y detén el movimiento. Dile a tu pareja: «Esto es un 7», ésta será la señal para que ella también se detenga. Permaneced así, unidos y esperad a que la excitación baje dos niveles, por lo general tarda unos pocos segundos.

◆ Cuando tengas la sensación de que puedes reanudar la marcha, empieza a empujar de nuevo. En esta oportunidad vais en búsqueda de un pico en el nivel 8. Intenta mantener una velocidad media. ¡No tienes que darte ninguna prisa! Deja que la excitación crezca lentamente. Cuando llegues a lo que has definido como el nivel 8, vuelve a repetir el proceso anterior: realiza presión sobre el músculo, respira profundamente, informa a tu pareja y deteneos ambos un momento.

◆ Llegados a este punto, podéis detener aquí el ejercicio. Hasta ahora debe haberos resultado satisfactorio, así que también es probable que deseéis continuar. En este caso, la próxima parada será en el pico del nivel 9. Si queréis llegar a tener un orgasmo, también es una idea magnífica, pero plantearos la posibilidad de parar en cualquier momento, si uno de los dos así lo manifiesta. Lo más importante es que ambos gocéis de vosotros mismos.

◆ *Consejo*. Puedes aprender todo lo que necesitas saber sobre los picos sin llegar a tener un intercambio. En este momento, lo más importante es que no os sintáis obligados a continuar o a ofrecer un rendimiento al otro. Si lo que os apetece es continuar el contacto al acariciar los genitales, por favor, hacedlo así. Y recordad: no debéis presionaros para que la unión se produzca, estos son ejercicios libres, no les cambiéis el sentido.

De picos a mesetas

Ahora estás preparado para agregar el ingrediente final a nuestra receta del orgasmo masculino múltiple: la meseta. Podemos definirla como un pico prolongado. Los picos que has creado en el apartado anterior duran sólo uno o dos segundos. Imagina que llegas a ellos y los mantienes de modo que duren cinco o diez segundos, o incluso más, antes de que bajen. En vez de un pico rápido, ahora tienes una alegre meseta.

En los ejercicios siguientes vas a aprender la manera en la que puedes convertir los picos en mesetas, que pueden durar desde varios segundos a unos minutos. Esto puede sonarte, ahora mismo, a mucho tiempo, pero una vez que hayas experimentado las sensaciones maravillosas que se producen, vas a desear que duren incluso más.

Existen cuatro modos diferentes de convertir un pico en una meseta:

- Cambiando la respiración,
- Presionando el músculo PC,
- Variando el movimiento,
- Cambiando la concentración.

Todos son importantes, por las razones que expondré más adelante. Lo que tú haces realmente en estos ejercicios de mesetas, es aprender a manipular y prolongar tu propia excitación usando diferentes tipos de estimulación. Estás aprendiendo a «jugar» con tus niveles, a controlarlos y gozarlos en formas nuevas y excitantes. Esta clase de control va a allanar el camino hacia tu primer orgasmo múltiple.

Quizás encuentres estas técnicas un poquito más complicadas que todo lo que ya has realizado hasta ahora, pero la recompensa merece el esfuerzo. Así que si te encuentras descansado y listo, volvamos al trabajo. Fíjate en que el ejercicio 11 no requiere pareja, mientras que el ejercicio 12, sí.

Ejercicio 11. El domador de broncos (en solitario)

◆ Ahora vas a adoptar la posición habitual, tumbado boca arriba o sentado en una silla en la que debes encontrarte muy cómodo. Utilizando mucha lubricación, comienza a acariciarte los genitales, trabajando hacia un pico en el nivel 5. Usando la primera técnica –cambiar la respiración– vas a convertir ese pico en una meseta.

- Cuando alcances el nivel 5, presta mucha atención a tu nivel de excitación; ya deberías tenerlo bastante definido a estas alturas. ¿Puedes llegar a diferenciar entre un 5 y un 5'5?

- Antes de alcanzar el nivel 6, demora la respiración. No cambies nada más. Reduciendo intencionadamente tu forma de respirar, el nivel de excitación debería empezar a caer. Presta mucha atención cuando empiece a descender. Una vez que llega por debajo del nivel 5, debes cambiar de nuevo la respiración, esta vez lo harás más rápidamente, como si jadeases. Si respiras lo bastante rápido, el nivel de excitación volverá a crecer hasta el 5 ó incluso un poco más.

- Simplemente manipulando la respiración –alternando entre demorarla y acelerarla– deberías ser capaz de «revolotear» por el nivel 5 (medio nivel más o menos). Muchos hombres llaman esto «cabalgando sobre un 5». Intenta permanecer ahí al menos unos pocos segundos.

- *Consejo*. No conviene que prolongues demasiado la manipulación de la respiración, porque podrías hiperventilarte. Con diez o quince segundos es suficiente, un minuto es demasiado. Puedes crear mesetas más largas ayudándote con las otras tres técnicas.

- Tómate un descanso. Esto te hará descender la excitación uno o dos niveles. Después comienza a frotarte de nuevo para iniciar el camino hacia una meseta en el nivel 6. Usaremos la segunda técnica: presionar el músculo PC.

- Cuando llegues, tendrás que pensar en la meseta. No detengas las caricias, deja que la excitación continúe creciendo, pero en el momento en que alcanzas el 6'5 necesitas dar un paso. Es simple: presiona un par de veces el músculo. Eso es todo. No cambies nada más; esta vez sólo vas a trabajar con él.

- Al hacer esto deberías impedir que la excitación fuera en aumento, incluso podrías disminuirla medio nivel. Continúa acaricióndote con la misma intensidad y deja que el nivel vuelva a subir. Cada vez que sobrepases el nivel 6, utiliza la presión para volver a disminuir. Intenta «cabalgar» sobre ese nivel 6 durante diez o quince segundos al menos. ¡Has logrado crear una meseta con el músculo PC!

◆ Ahora probemos la tercera técnica: cambiar el movimiento. Esta vez vas a conseguirlo variando la velocidad con la que frotas el pene. Comienza como si fueses a hacer un pico en el nivel 7. Una vez que lo hayas pasado, disminuye el movimiento. El cambio debería provocar que la excitación bajase casi inmediatamente. Deja que descienda por debajo del 7 y después acelera el movimiento para que vuelva a subir.

◆ Cuando quieras elevar el nivel, acelera la frotación, y si deseas bajarlo, hazlo más lento. Es así de sencillo. Mantén la meseta en el nivel 7 unos segundos por lo menos.

◆ El cuarto modo de extender un pico a una meseta se consigue cambiando la concentración, es decir, variando el área de los genitales que estimulas (en otros ejercicios tiene un significado diferente). Por ejemplo, has estado acariciando la cabeza del pene; para cambiar la concentración, dejas de tocar esta zona y empiezas a acariciar el fuste o los testículos. ¿Te parece sencillo? Bien, pues pruébalo.

◆ Esta vez iremos directos hacia el nivel 8. Acaríciate como si fueses a tener un pico en el nivel 8, pero cuando lo alcances, no pares. Hay un punto entre el 8 y el 8'5 en el que deberás cambiar la zona que recibe tus caricias, así bajará la excitación. A medida que ésta desciende, vuelve a cambiar hacia el área que estabas tocando antes o intensifica la presión en ese punto, así conseguirás que vuelva a subir. Si notas que subes demasiado, cambia de nuevo. Utiliza esta técnica para extender el pico en el nivel 8 en una meseta de diez o quince segundos.

◆ *Consejo*. La clave para dominar la meseta es aprender a estar relajado mientras continúas estimulándote. Lo lograrás con mayor facilidad una vez que realices las cuatro técnicas diferentes que acabas de aprender y compruebes que realmente funcionan. Con algo de práctica, puedes aprender a «cabalgar» sobre niveles realmente intensos, como el 9 ó incluso el 9'5.

◆ Puedes aprender también a hacer mesetas con tu pareja. Hacerla partícipe de tu excitación produce que ella intensifique su placer, por lo que éste suele ser uno de los ejercicios favoritos de las señoras. Para algunos hombres resulta más sencillo aprender en pareja las técnicas para conseguir mesetas, mientras que para otros es más fácil trabajar solos. Pruébalo de ambos modos y averigua cuál te va mejor.

Ejercicio 12. Verano sin fin (en pareja)

◆ Una vez más, tienes que tenderte boca arriba y ponerte cómodo. Tu pareja debe comenzar a acariciarte los genitales siguiendo los ejercicios que ya habíamos practicado de concentración sensitiva. Piensa que no se os exige que demostréis nada, tan sólo tenéis que concentraros en las sensaciones y nada más.

◆ Tu primera meseta va a ser en el nivel 4, y la crearás controlando la respiración. Cuando llegues a este nivel, respira más lenta y profundamente para bajar la excitación. Deberías lograrlo a pesar de que tu pareja continúe acariciándote. Cuando desciendas al 3'5, vuelve a respirar más rápido, como si jadeases. Como ahora el nivel debería crecer, cuando sobrepases el punto 4 baja de nuevo la respiración.

◆ Utilizando las variaciones de respiración: lento y jadeo, deberías ser capaz de mantener la meseta en el nivel 4 durante unos diez o quince segundos. ¿Has visto a los chicos que practican surf? Esto es como coger una ola y cabalgar sobre ella. Simplemente recuerda que no debes cambiar el ritmo respiratorio durante mucho tiempo porque corres el riesgo de hiperventilarte.

◆ Intenta alcanzar la siguiente meseta en el nivel 6. Esta vez, utilizando el músculo PC como ayuda para dejarte llevar sobre la ola. Tu pareja debe continuar estimulándote con las caricias para aumentar el nivel de excitación. Cuando alcances el punto justo antes de llegar, presiona el músculo PC un par de veces. El nivel debería detenerse, incluso podría bajar ligeramente. Como tu pareja continúa acariciándote, concéntrate en las sensaciones que te produce y vas experimentado. Cada vez que el nivel llegue al 6'5, presiona el músculo. Siguiendo este sistema, intenta mantener la meseta durante unos quince segundos, más o menos.

◆ Ahora intenta una meseta en el nivel 7 con ayuda de la tercera técnica: cambiar el movimiento, pero como ahora trabajas en pareja, en este ejercicio cambiarás el movimiento de la pelvis.

◆ Mientras tu pareja te acaricia, intenta responderle con algunos balanceos suaves de la pelvis. No han de ser movimientos bruscos, rápidos o violentos, sino todo lo contrario: se trata de mantener unos simples empujones y balanceos agradables, leves, y dejando que crezca tu excitación.

◆ Una vez pases el nivel que nos hemos propuesto, para el movimiento de la pelvis, o por lo menos, hazlo mucho más lento. Con esto, tu excitación debería empezar a bajar, incluso aunque tu pareja continúe con las caricias. Si desciendes por debajo de 7, acelera el movimiento un poco y el nivel empezará a aumentar de nuevo. Es así de sencillo. Empleando esta técnica, intenta cabalgar sobre el nivel 7 unos quince segundos.

◆ Ahora vas a poner en práctica la cuarta técnica, que consiste en cambiar la concentración para crear una meseta en el nivel 8.

◆ ¿Recuerdas el apartado 6? En él aprendiste a concentrar toda la atención en las áreas que tú o tu pareja tocabais en ese preciso momento; pero también se puede llegar a variar, intencionadamente, la concentración hacia un área que no está siendo tocada en ese momento, como hiciste en el ejercicio anterior. Esta vez, vas a intentar sólo un cambio mental.

◆ Imagina que tu pareja ha estado concentrando las caricias en la cabeza del pene, así que tu atención ha estado centrada en ese punto. Ahora bien, esa área es extremadamente sensible, por lo que tú estarás muy excitado. Cuando pases el nivel 8, intenta dirigir tu concentración hacia un área que ella no esté estimulando tan intensamente. Concéntrate en el fuste del pene, por ejemplo; o en las sensaciones que tienes al notar su cuerpo cruzarse sobre el tuyo... el nivel debe empezar a bajar.

◆ Si la excitación desciende por debajo del 8, vuelve a llevar tu mente hacia el punto que ella te estimula. Notarás como el nivel empieza a crecer de nuevo. Eso es todo lo que debéis hacer: si quieres ir más allá, concéntrate en el área que está siendo estimulada; si quieres frenar la excitación o descenderla un poco, concéntrate en los puntos que no reciben los estímulos.

◆ Bueno, no creas que es tan sencillo: no es lo mismo que pensar en el fútbol o en la avería del coche, porque no intentas evadirte o abandonar mentalmente la habitación; en realidad te sientes muy conectado con tu cuerpo y sobre todo, muy unido a tu pareja, lo único que haces es dirigir la atención sobre otra de las zonas que te acaricia o que puede ser estimulada. Sólo estás cambiando el punto de conexión.

◆ Usando esta cuarta técnica podrás llegar a mantener una meseta en el nivel 8 durante al menos quince segundos, sino más.

◆ *Consejo.* Te recomiendo que no intentes alcanzar más de cuatro mesetas en una sola sesión. Relájate y avanza poco a poco.

El aprendiz de conductor en el panel de control

Hasta ahora has aprendido cuatro modos diferentes de crear una meseta. Algunos te deben atraer más que otros, o tendrás mejores resultados que con otros, pero la verdad es que el mejor modo de crear mesetas largas, fabulosas, es combinar todas estas técnicas.

Ahora bien, puede que eso te suene un poco inconcebible. En este punto apenas dominas cada una individualmente. Pero es muy parecido a cuando aprendes a conducir un coche. ¿Recuerdas como te sentías cuando te pusiste al volante por vez primera? Ahí estabas tú, mirando fijamente el embrague, la palanca de cambios, el freno, el acelerador y las luces, y pensando: «¿Cómo voy a aprender a hacer todas estas cosas al mismo tiempo?». Pero lo lograste, ¿no es cierto?

Cuando aprendiste a conducir, no empezaste haciéndolo todo a la vez. Incorporabas destrezas, una detrás de otra. Bien, eso es lo que vas a hacer en estos ejercicios de mesetas. Así que practica algún tiempo estos ejercicios. Cuando te sientas cómodo con una técnica para hacer mesetas, intenta añadir una segunda y luego una tercera. Sin darte cuenta, trabajarás simultáneamente con los cuatro métodos de manera casi automática.

No te preocupes sino avanzas muy rápido. No tienes que trabajar con las cuatro técnicas simultáneamente para tener grandes mesetas. Simplemente es más fácil cuando usas las cuatro juntas y aunque es probable que te resulte difícil de imaginar ahora mismo, lo entenderás cuando tengas un poquito más de práctica.

¿Te sientes como si estuvieses haciendo el amor? Es agradable estar al lado de tu pareja cuando aprendes a crear mesetas por vez primera. Pero una vez que hayas empezado a sentirte cómodo con tus recién aprendidas técnicas, pudiera ser que te resulte más agradable estar dentro de ella.

La sensación de estar dentro de una mujer supone para la mayoría de los hombres un incentivo extra para extender esas mesetas. Tu pareja va a estar tan metida en estos ejercicios como tú, incluso puede que consiga una pequeña meseta por su cuenta.

Muchas mujeres que son multiorgásmicas alcanzan mesetas, de hecho, en el nivel 9'9: su excitación es tan alta durante un largo tiempo que simplemente empiezan a cruzar y a cruzar al otro lado del nivel 10, teniendo un orgasmo tras otro. Tú vas a aprender un método diferente –algo que funciona mejor con los hombres–.

Si puedes mantener un intercambio sin que ello suponga ejercer presión sobre ti mismo o sobre tu pareja, intenta alcanzar unas cuantas mesetas cuando estés dentro de ella. Experimenta manteniendo diferentes niveles de excitación durante la relación.

Las cuatro técnicas que usarás son las mismas: cambiar la respiración, presionar el músculo PC, modificar el movimiento y cambiar la concentración. Atrévete y celébralo, sólo recuerda que si practicas durante el fin de semana... debes ir a trabajar el lunes por la mañana.

Ten presente que no es necesario que llegues a penetrarla para hacer de estos ejercicios algo maravilloso y especial. Si te sientes todavía más cómodo con las caricias en los genitales, permanece así por ahora. Habrá muchas oportunidades de intercambio más adelante, una vez que hayas consolidado tus nuevas habilidades. Lo más importante ahora es simplemente seguir practicando y practicando y practicando...

Tu primer orgasmo múltiple

¿Recuerdas el comienzo del apartado? Hablábamos de cómo la excitación de ambos sube de forma diferente. Quizá puedas releer las primeras líneas para refrescar la memoria. Imagina ahora que estás haciendo una vez más el amor, un domingo por la mañana. Sois las mismas dos personas que hace un mes, pero no os sentís los mismos.

Piensa por ejemplo cuando salías de la ducha y fuiste saludado por tu mujer, que no llevaba nada puesto excepto una toalla de baño grande de color azul y a rayas. Cuando ella se envolvió contigo en la toalla, y respondiste inmediatamente.

Ahora mismo estáis en vuestra cama de matrimonio, donde lleváis haciendo el amor desde hace diez minutos. Estáis totalmente excitados, y sientes que estás listo para tener un orgasmo, pero sabes que tu pareja necesita otros cinco minutos antes de que pueda alcanzar el clímax. No hay problema.

Lo que una vez fue fuente de increíble estrés para ti y de decepción para ella, ya no lo es más. Sabes que esta vez puedes tener un potente orgasmo sin perturbar la conexión erótica. Ella, que sabe que tu orgasmo no señala el final del acto amoroso, se excita incluso más. Es electrizante para ella estar contigo, sabiendo que tú puedes alcanzar el clímax y seguir.

Después del primer orgasmo, eres capaz de mantener la erección y continuar empujando hasta que tu pareja lo alcanza también. La has excitado tanto que alcanza el orgasmo, de hecho, mucho antes de lo que habías previsto.

Sientes que podrías seguir durante veinte minutos más, pero el reloj te recuerda un compromiso con unos amigos para cenar. En este punto, decides tener un segundo orgasmo; esta vez eyacularás.

Es una idea que te resulta muy atrayente. Hasta hace poco, sólo conocías un tipo de orgasmo: el orgasmo individual acompañado de eyaculación simultánea. Nada más. Ahora, después de leer este libro tienes algunas cosas claras:

- El orgasmo y la eyaculación no tienen que ocurrir juntos: son dos fenómenos distintos, que pueden experimentarse como placeres separados.
- Un orgasmo sin eyaculación parece tan bueno, sino mejor que un orgasmo convencional.
- Tener un orgasmo sin eyaculación te permite mantener la erección y continuar el intercambio.
- Es posible tener un segundo orgasmo inmediatamente después del primero... Es incluso posible tener un tercer o un cuarto orgasmo antes de eyacular, si lo deseas.

La experiencia que te acabo de explicar es algo que estás a punto de conseguir, y lo aprenderás ahora. Estás a punto de tener tu primer orgasmo múltiple. Prepárate: la vida nunca volverá a ser la misma. Has llegado a este momento porque has trabajado duro. Has convertido un músculo débil en puro acero, has dominado los matices más sutiles de tu propia fisiología, has ascendido a picos difíciles y has atravesado muchas mesetas estremecedoras. Has vencido todos los desafíos y, seguramente, te has divertido mucho.

En este apartado, descubrirás las técnicas que te harán pasar la barrera que existe entre un hombre de suaves maneras y un superhéroe multiorgásmico. Si has seguido cuidadosamente mis instrucciones y has hecho los deberes a conciencia, la transformación no será difícil. No necesitarás una cabina telefónica. No necesitarás capa ni tirantes. No necesitarás esconder tu identidad a los seres queridos. En esta legión de superhéroes, sólo se pide entusiasmo y un poco de trabajo duro.

Dos caminos hacia la cima

Como pronto te darás cuenta, la clave para separar el orgasmo de la eyaculación reside en utilizar de forma adecuada el músculo que hemos estado desarrollando. Si todavía no confías en la potencia que pueda tener deberías volver a repasar los primeros ejercicios y adquirir la fuerza necesaria. Recuerda que tu paciencia y esfuerzos serán recompensados de modo extraordinario. Si, por otra parte, al practicar los ejercicios anteriores el resultado ha sido de tu entera satisfacción, probablemente ya estás listo para dar el paso final.

De hecho, existen muchos senderos para alcanzar el orgasmo masculino múltiple. En este apartado vas a aprender dos de ellos. Son los dos métodos en los que tengo más confianza, con los que mis colegas y yo hemos trabajado a fondo y con los que hemos obtenido mejores resultados.

El primero es lo que llamamos técnica de «un disparo». Es una especie de atajo que fue desarrollado por mi colega y mentor, el doctor Michael Riskin. El doctor Riskin lo llama técnica de un disparo porque, usualmente, lo puede enseñar en una sola sesión (suponiendo que hayas hecho todo el trabajo de preparación de los apartados precedentes). Entra en su consulta un hombre normal y sale un hombre multiorgásmico. Asombroso.

El segundo método es el que yo enseño. Quizá soy más conservadora que algunos colegas, y este método lleva algo más de tiempo aprenderlo, tanto si lo haces en mi consulta como en tu casa. Pero los resultados siempre son impresionantes.

Cada hombre tiene sus propias preferencias, y no hay modo de predecir las tuyas. Como he dicho antes, cada uno es diferente y lo que funciona mejor o parece mejor para uno, no funciona tan bien o no parece tan bueno para otro. Todos nosotros hemos visto la eficacia de ambos métodos y sabemos que ambos son buenos. En este apartado tendrás la oportunidad de experimentarlos ambos y decidir por tu cuenta.

Los cuentos de hadas pueden hacerse realidad

¿Todavía eres de los que creen que los cuentos son sólo cosa de niños y que las hadas no existen? Pronto vas a cambiar de opinión.

La técnica de un disparo del doctor Riskin es el modo más rápido que conozco para que un hombre alcance su primer orgasmo múltiple. Es también más fácil de aprender que el segundo método que te propongo. Cuando funciona, es asombrosa. Pero por favor, toma nota: la técnica de un disparo no funciona en todos los hombres. Quizá no lo hayas intentado en el momento adecuado o quizá no es el método adecuado para ti. El segundo método de este apartado es mucho más minucioso y seguro. Tarda un poquito más en aprenderse, pero la recompensa te aguarda.

Si este método de un disparo no te funciona no significa que algo en tu cuerpo esté mal y tampoco significa que nunca vayas a tener un orgasmo múltiple. Sólo quiere decir que has pasado unos minutos probando algo nuevo, y que no ha funcionado.

Te explico el método de un disparo primero porque imagino que después de todo este proceso ahora tienes verdaderas ganas de conseguirlo. Y como ahorra tiempo y trabajo, merece la pena que lo intentes primero. Recuerda que sino te funciona, no debes abandonar. En vez de eso, por favor, ve inmediatamente a la segunda serie de ejercicios de este apartado. Estas técnicas más extensas no son más difíciles de aprender. Hay más pasos en el proceso, pero no es difícil si sigues mis instrucciones. Sí, puede que te lleve un poco más de tiempo antes de que tengas tu primer orgasmo múltiple, pero te garantizo que lo tendrás. Aún más, habrás aprendido incluso una lección valiosa sobre los beneficios de la paciencia y el compromiso.

No hagas trampas, por favor

Antes de que empecemos, déjame repetirte una última vez que las técnicas que se desarrollan en este apartado exigen un músculo PC potente, que esté bajo tu control. Sobre todo para la técnica de un disparo. También tendrás que tener mucha confianza en tu capacidad para hacer picos y/o mesetas en niveles muy altos de excitación.

Aprecio que tengas esta extraordinaria cualidad, y aplaudo tu entusiasmo; imagino que debe ser difícil no apresurarse cuando el nirvana aguarda, cuando lo tienes tan cerca, pero éste es otro ejemplo en que la prisa puede echar a perder una buena relación sexual.

Mi abuelo solía decir: «Es difícil alcanzar el nirvana si los neumáticos del autobús no tienen aire suficiente» (entenderás por qué a él y a mi abuela les fue bien tantos años). Por favor, tómate ahora mismo un momento para «comprobar los neumáticos», repasa si has seguido el régimen de ejercicios con diligencia hasta este punto. Sé honesto contigo mismo. Si estás un poco inseguro de lo minucioso que has sido, ahora es la ocasión de volver a los primeros ejercicios y darlo realmente todo.

Sólo hay un atajo en este libro, y es el que estás a punto de aprender, así que si has intentado ganar terreno algunas páginas más atrás, durante los ejercicios anteriores, te sentirás muy frustrado y decepcionado cuando intentes los ejercicios de este apartado. Alcanzar el orgasmo masculino múltiple es fácil si haces el trabajo previo, pero sino, habitualmente no sucede.

Cuando el disparo se oye alrededor del mundo

Los ejercicios que describo seguidamente (13 y 14) los desarrolló el doctor Michael Riksin a lo largo de su trabajo con centenares de hombres en el centro de psicoterapia Riksin-Banker. He pasado muchos años refinando y perfeccionando sus técnicas y, la verdad, ahora soy feliz de poderlas presentar aquí. Incluso si este método no te funciona, es divertido probarlo. El ejercicio 13 se hace en pareja y el 14, en solitario.

Ejercicio 13. El movimiento mágico del doctor Riksin (en pareja)

◆ Este ejercicio comienza con el hombre tumbado boca arriba. Tu pareja comienza acariciándote los genitales. Deja crecer la excitación. Lo primero que vas a hacer es un pico en el nivel 4. Cuando lo alcances, avisa a tu pareja que debe parar la estimulación y dejarte bajar un par de niveles. Utiliza el músculo para ayudar a controlar la situación.

◆ Pídele a ella que reanude la estimulación y cuando alcances el nivel 5, avísale de nuevo. Repetid la operación anterior y continuad hasta el nivel 6. Debería llevarte entre tres y cinco minutos completar cada pico. Si quieres tomarte más tiempo, convierte los picos en mesetas, usando las técnicas que practicamos en el apartado anterior.

◆ En este punto, te vas a poner en la posición que hemos estado usando para el intercambio. Ahora deberías sentirte ya muy excitado, y probablemente tendrás al menos una erección parcial, sino plena.

◆ Penetra a tu pareja y comienza a empujar lentamente. Durante este ejercicio deberías mantener una respiración lenta y profunda. Concéntrate en lo que sientes, en cada empujón. Tu pareja debería concentrarse también en ellos y en las sensaciones que experimenta.

◆ *Consejo.* Los dos estáis juntos en esto. Si tu pareja se para a contar las grietas del techo o cuántas flores tiene la cortina, desbaratará todo el propósito de estas técnicas. Practica sólo los ejercicios con ella cuando ambos estéis realmente dispuestos. Si tú quieres hacerlos y ella no, inténtalo en solitario.

◆ Haz un pico en el nivel 7, y cuando lo alcances, disminuye o para hasta que la excitación baje un par de niveles. Disfruta este momento antes de reanudar o acelerar los empujones e intenta un pico en el nivel 8. Repite el mismo proceso y después ve a buscar el nivel 9, luego vuelve a bajar. Puede que prefieras detenerte un poco, más extendiendo estos picos en mesetas más prolongadas.

◆ Ahora viene la parte exigente. Esta vez vas a tener que reanudar los empujones pasando el nivel 9 hasta su punto de inevitabilidad. (Recuerda, éste es el punto psicológico en el que tienes claro que vas a eyacular, pero no importa lo que pase). Tan pronto como alcances el «punto sin retorno» tienes que presionar el músculo PC tan fuerte como puedas durante diez segundos y abrir los ojos. Respira muy profundamente y sigue empujando. ¡No pares!

◆ *Consejo.* La mayoría de los hombres, instintivamente, cierra los ojos cuando se acerca al orgasmo. Para hacer que esta técnica funcione, debes abrir los ojos durante la presión del PC o no te funcionará.

◆ Si puedes hacer todas estas cosas simultáneamente, tu cuerpo alcanzará el orgasmo en este preciso instante. El corazón te latirá violentamente, sudarás, los músculos se contraerán. Todas las sensaciones de un orgasmo parcial, sino pleno, estarán ahí. Pero no eyacularás, la presión sobre el músculo ha parado la eyaculación, mientras permitía que tu cuerpo tuviera el orgasmo.

◆ Una vez que hayas experimentado este orgasmo parcial o pleno demora tu acción durante un rato. Relájate durante unos segundos, te lo has ganado. Puedes continuar empujando, pero no de forma vigorosa. En vez de eso, comienza un movimiento suave, acompasando la respiración que debe ser también lenta.

◆ Ahora mismo, probablemente te estarás maravillando del hecho de que acabas de tener un orgasmo y todavía puedes seguir moviéndote. Probablemente, tu pareja estará también asombrada. Date unas palmaditas en la espalda; daos cada uno unas palmaditas en la espalda; daos palmaditas donde queráis, pero recuerda que aún no está todo completo. Seguid adelante.

◆ Una vez que vuelvas a controlar la respiración, es hora de volver a caminar hacia la cima. Incrementa lentamente la velocidad de los empujones y mantén la concentración. Deja crecer el nivel de excitación una vez más. Si quieres hacer más picos o mesetas, adelante, aunque lo más probable es que prefieras ir derecho a la cumbre. (En este momento simplemente estás aprendiendo a tener dos orgasmos en una sesión. Más adelante veremos cómo alargar el espacio de tiempo entre orgasmos, cómo tener más de dos orgasmos, etcétera).

◆ Cuando sientas que el orgasmo viene una vez más, no intentes manipularlo. No pretendas parar la eyaculación esta vez. Ya has trabajado suficiente por un día, así que concéntrate plenamente en las sensaciones de tu excitación y goza del segundo clímax... con eyaculación y todo.

◆ Ahora felicitaos a vosotros mismos: acabas de tener tu primer orgasmo múltiple.

◆ Sospecho que una de las razones por las que el método de un disparo no funciona en cada hombre es porque se trata de algo complicado de hacer. Hay demasiadas cosas que coordinar, en el punto en que debes que presionar el PC, respirar profundamente, abrir los ojos y seguir empujando... todo al mismo tiempo. Es más difícil que aprender a tocar el piano.

◆ La buena noticia es que tu pareja puede ser aquí extremadamente útil. Si vais al unísono, sus acciones pueden reforzar las tuyas. Puede resultarte de gran ayuda que ella respire profundamente en el momento que debes hacerlo tú también, y que se siga moviendo para recordarte que tú debes hacerlo; y si ella abre los ojos y ve que tú no lo haces, te lo puede decir.

Un orgasmo y medio todavía mejor que uno

Algunos hombres tienes dos orgasmos plenos la primera vez que intentan la técnica de un disparo, a otros no les funciona en absoluto este método, y la mayoría cae en algún punto intermedio. Para estos hombres, los primeros intentos para dominar la técnica de un disparo producen algunos resultados inusuales.

Tanto si practicas la técnica de un disparo o el segundo método que en breve te presentaré, probablemente experimentarás algunas sensaciones nuevas, o acaso inusuales, antes de que tengas el primer orgasmo múltiple. Por ejemplo:

• Puede parecerte que se te ha escapado un orgasmo.
• Podrías haber tenido un orgasmo «parcial» que no sea nada del otro mundo.

- Es posible que tuvieras una eyaculación parcial sin orgasmo después de tener el primer orgasmo.

Estas situaciones son normales. No tienes absolutamente nada de qué preocuparte. De hecho, estas experiencias fisiológicas son todas señales claras de que vas en camino de tener tu primer orgasmo múltiple. ¿Lo has oído? ¡Estas señales son buenas, no malas! La mayoría de los hombres que realizan el proceso de aprender a ser multiorgásmicos atraviesan por alguno de estos momentos inusuales antes de que sus técnicas hagan realmente «clic» y todo encaje. Es parte del proceso. Si no lo esperas, podrían asustarte un poco, pero como ya las conoces, puedes convertirlas en un refuerzo positivo, así que aleja las preocupaciones, cancela la visita al urólogo y vuelve al trabajo. Tu primer orgasmo múltiple pleno aguarda... y ahora ya no tardará mucho.

¿Nervios de última hora?

Cuando se logra el primer orgasmo múltiple es muy importante. Algunos desean compartir cada segundo de él con sus parejas mientras que otros se ponen un poquito nerviosos y prefieren adquirir cierto dominio antes de dar su primera fiesta de celebración. Como la mayoría de los ejercicios que hemos presentado en este libro, el método de un disparo puede aprenderse en pareja o en solitario. Depende de ti –y de tu pareja– decidir si tu primer orgasmo múltiple va a ser un acontecimiento privado o un encuentro a dos bandas.

Es muy probable que cuando llegue el momento que tanto esperabais te entre lo que se denomina «pánico escénico». Es el pequeño terror que atenaza los músculos e impide moverse a los actores el día del estreno, aunque todo suele pasar cuando salen al escenario. sino estás muy seguro de que todo vaya a resultar como te imaginas y prefieres ensayar primero tu papel en privado antes de compartirlo con la actriz principal, este ejercicio te ayudará a adquirir las «tablas» necesarias antes de que te deslumbren los focos de la presentación.

Incluso si tienes el primer orgasmo múltiple con tu pareja, puede que quieras practicar la técnica de un disparo por tu cuenta. Si es así, el ejercicio 14 es lo que esperabas. A muchos hombres les gusta practicar sin compañía y otros no lo podrían hacer sin ella. Esto no significa que no amen a sus parejas, sino que aspiran sorprenderlas por completo. Un paciente me dijo recientemente: «practicar por mi cuenta fue una parte esencial para aprender los puntos más susceptibles de mi respuesta personal y me ha ayudado a tener un control increíble. Creo que habría sido mucho más difícil desarrollarlo si hubiera hecho esto siempre con mi mujer». Como siempre hemos dicho, el planteamiento que te impulsa a aprender estas técnicas es una elección que debéis hacer vosotros. La forma correcta es la que vosotros decidáis.

Ejercicio 14. Misión en Marte (en solitario)

◆ Este ejercicio comienza como los ejercicios para conseguir un pico. Utilizando una lubricación abundante, comienza a frotarte el pene y siente cómo comienza a crecer el nivel de excitación. Lo primero que debes intentar hacer es un pico en el nivel 4 usando el músculo PC (como en los ejercicios 4 y 5). Cuando hayas bajado un par de niveles, puedes intensificar la estimulación y conseguir un pico en el nivel 6. Una vez más, usa el músculo para controlar el pico. A continuación, tienes que intentar llegar al nivel 8 y después al nivel 9. Tómate el tiempo necesario: estos cuatro primeros picos pueden llegar a durar entre quince y veinte minutos. (Si prefieres tomarte más tiempo o intentar mesetas en cada uno de estos niveles es estupendo).

◆ Lo que vas a hacer ahora es realmente forzar este ejercicio de picos. Primero intensifica la estimulación una vez más y haz un pico en el nivel 9'5. Atención: debes usar el músculo PC para impedir que la excitación aumente, y tienes que controlar realmente tu cuerpo para conseguirlo. Ahora te estás acercando mucho a la cima y la tentación de dejarte ir y tener un orgasmo es enorme. Aguanta, si puedes, claro, ahora no tardarás mucho.

◆ El pico final va a ser en el punto de inevitabilidad –tu punto psicológico «sin retorno», ese en que la eyaculación parece inminente–. ¿Has imaginado cómo sería bailar en el cráter de un volcán a punto de erupción? Éste es el pico más duro que hayas escalado.

◆ Tienes que estar totalmente inmerso en tu cuerpo ahora mismo. Vas a frotarte el pene intensamente, yendo directo a la eyaculación, pero en el momento en que alcances el punto de inevitabilidad –ni un segundo después, en ese preciso instante– aprieta el músculo PC. Sigue frotándote el pene tan deprisa como lo has estado haciendo hasta este punto. Respira muy profundamente, ahora abre los ojos y manténlos abiertos. Sujeta el músculo PC tan fuerte como puedas durante unos diez segundos.

◆ Si puedes hacer todas estas cosas una vez que consigas llegar a tu punto de inevitabilidad, lo que sucederá es que tu cuerpo se lanzará al orgasmo, pero si has ejercido la presión puntual y el tiempo suficiente, no eyacularás.

◆ *Consejo.* Puede parecerte una tontería, pero uno de los requisitos para que este ejercicio funcione es abrir los ojos en el momento en que empiezas a presionar el PC. Además, es un aconteci-miento que no querrás perderte.

◆ Ahora respira profundamente de nuevo. Disminuye la estimula-ción y permite que la excitación descienda hasta el nivel 8 ó el 7. Seguramente ahora estarás muy cansado y probablemente tam-bién muy sudado, pero no estás lejos de tener tu primer orgasmo múltiple.

◆ Descansa un momento, tampoco se trata de que corras la mara-tón; y una vez que reanudes la marcha, intensifica la estimula-ción. Deja crecer el nivel de excitación y no presiones el múscu-lo ni retardes tus movimientos. Todo lo que debes hacer es dejarte llevar hacia un orgasmo pleno, completo, con eyacula-ción.

Y esto, amigo mío, es un orgasmo múltiple. Lo he dicho antes y tengo que repetirlo otra vez. Las primeras veces que pruebas un ejercicio como éste, puede que experimentes algu-nas sensaciones inusuales como un orgasmo parcial, u omitir un orgasmo.

Puede que tales sensaciones no te parezcan muy normales, pero lo cierto es que todas ellas son habituales, y no hay razón para preocuparte. Tu cuerpo está aprendiendo algo nuevo, y todo esto son señales estimulantes de su desarrollo. Así que no te preocupes y sé feliz.

Otra cosa más antes de continuar: recuerda que esta técnica no funciona en todos los hombres. Resulta complejo coordinar tantas acciones en el momento exacto de inevitabilidad, y es probable que no lo consigas –al menos en el primer intento–. No desesperes y consulta el segundo método. Como te expli-qué antes, éste es un poco más laborioso, pero es también más seguro.

Tres pasos hacia la alta conciencia

Cuando enseño a los hombres a tener orgasmos múltiples, tiendo a usar un planteamiento más conservador que el método de un disparo. Quizá sea debido al hecho de que soy una mujer, y que no me gusta suponer nada sobre lo que un hombre puede o no llegar a hacer con su «equipo». Este método tiene en cuenta las amplias diferencias que existen entre los hombres, y eso me hace sentirme más segura de que a ti también te funcionará. Si fuese profesora de música, probablemente empezaría enseñando a todos los estudiantes un poco de teoría y técnica de música clásica. No sería tan divertido en los comienzos, pero te aportaría una formación sólida sobre la que siempre podrías trabajar.

En la clínica se requieren unas tres sesiones para aprender este método más largo. Podrías llamarlo técnica de «tres disparos» o programa de tres pasos, para diferenciarlo del anterior. En la primera sesión se aprenden los puntos más sensibles de la conciencia en la eyaculación, usando dos ejercicios como ayuda para el aprendizaje. En la segunda, vemos los ejercicios que dan por resultado el orgasmo múltiple y en el tercer encuentro, trabajamos sobre el control del tiempo y la práctica. Aquí vamos a hacer lo mismo, pero en vez de tener tres sesiones en la consulta, aprenderás los tres pasos en la comodidad de tu propia casa. En este apartado presentamos los dos primeros pasos. El tercer paso lo reservamos para el apartado siguiente.

Paso 1: Educación para eyacular

¿Qué conoces ahora mismo sobre tu propia eyaculación? ¿Sabías, por ejemplo, que se produce, de hecho, en dos fases, emisión y expulsión?

En la «fase de emisión» de la eyaculación, el semen empieza a moverse a través del conducto deferente, mientras los músculos cercanos a la próstata comienzan a contraerse. Entonces, el semen se agrupa en el bulbo de la uretra en la base del pene. En la segunda fase de la eyaculación –la fase de expulsión–, el músculo PC empieza a contraerse forzando al semen a ir a través de la uretra y fuera del pene.

Todo eso es muy interesante... pero, ¿qué acabo de decir? Creo que lo que necesitamos aquí es un planteamiento algo menos académico. Empecemos por identificar a los actores de este pequeño drama. El conducto deferente es un grupo de canales que llevan el semen desde los testículos al pene... una especie de paso subterráneo. La próstata está situada justo detrás del pene, y sino te ha dado problemas, eso es todo lo que necesitarás saber sobre la próstata. La uretra, una extensión de la vejiga, es ese tubito que va a través del centro del pene. Lleva tanto la orina como el semen al aire fresco. ¿Lo tienes un poquito más claro?

Ahora volvamos a aquellas dos fases. En resumen, esto es lo que sucede: en la fase de emisión, el semen va desde los testículos y la próstata a la base del pene, impelido por la contracción de los músculos cercanos a la próstata. En la fase de expulsión, tu viejo amigo –el músculo PC– empuja el semen a través del pene al mundo exterior. Resumiendo, en la fase 1 se carga el cañón; en la fase 2 se dispara. Es así de simple.

Todo el proceso de eyaculación –emisión y expulsión– dura unos dos segundos. ¡Dos segundos! La naturaleza es, verdaderamente, una cosa asombrosa.

¿Por qué debes saber todo esto? No para que te sientas un ignorante, sino todo lo contrario. Es muy importante que tengas una comprensión plena del proceso de la eyaculación si quieres tener un dominio de tu propio cuerpo. Para la mayoría de los hombres, la contracción del músculo PC durante la expulsión es un proceso involuntario, pero tú, una vez que hayas asumido el mando, puedes retrasar o impedir voluntariamente la eyaculación. No obstante, el cuerpo continúa experimentando todavía la sensación plena del orgasmo, completa, con rápidos latidos del corazón, contracciones musculares y una sensación intensa de liberación.

Tener clara la diferencia entre emisión y expulsión te ayudará a aprender a sentir estas dos fases a medida que ocurren. La mayoría de los hombres es consciente de la fase de expulsión, pero no tiene ni idea de lo que pasa antes. Así que si quieres controlar bien el tiempo en la última serie de ejercicios de este libro, vas a necesitar un poquito más de atención en la eyaculación que el resto de los mortales. Por eso ahora vamos a practicar el ejercicio siguiente.

Ejercicio 15. A dos pasos de Texas (en pareja)

◆ Colócate en la posición habitual, tumbado boca arriba y con tu pareja cerca. Ella debe comenzar a acariciarte los genitales mientras tú intentas lograr una serie de picos en niveles bajos –empieza por el 4, después pasa por el 5 y el 6–. Enseña a tu pareja una muestra intensa de cómo evolucionas, para que sepa cuándo cesar y cuándo intensificar las caricias. Una vez que hayas completado este pico, cambiad las posiciones.

◆ Ella debería estar echada boca arriba con las piernas levantadas en el aire, ligeramente dobladas y tú tendrías que comenzar a introducir el pene y a empujar lenta y cómodamente. Tómate todo el tiempo que sea preciso e intenta hacer un pico en el nivel 7, luego cesa. A continuación haz un pico en el nivel 8, cesa y pasa al nivel 9 y luego detente.

◆ Ahora llega uno de los momentos importantes. Moveros hacia tu punto de inevitabilidad, pero esta vez, cuando lo alcances debes dejar de empujar. Continúa respirando profundamente, abre los ojos, concentra toda tu atención en los genitales, e intenta sentir el semen moverse desde los testículos hacia la base del pene y hacia arriba, a través de la uretra.

◆ ¿Sentiste agruparse el semen? ¿Y la contracción del músculo PC? Si pudiste detenerte a tiempo, la eyaculación de dos segundos ha debido parecerte, probablemente, como si hubiese durado entre cinco y diez segundos.

◆ La mayoría de los hombres, cuando mantienen una relación sexual, continúan empujando hasta llegar al orgasmo. Nunca se les ocurriría que parar fuera algo positivo. Sólo esto debería convertir este ejercicio en una experiencia novedosa para ti. Muchos hombres me dicen que les produce una sensación similar a un estado de conciencia alterado y en verdad que es muy normal sentirte un poco etéreo, trascendente o incluso como si estuvieras fuera de tu propio cuerpo.

◆ La respuesta que te dé tu pareja también será muy útil, porque puede sentir que la eyaculación tiene más pulsaciones que de costumbre, o que tardó unos segundos más de lo habitual. Pídele que te cuente qué le pareció a ella. Para la mayoría de las mujeres este ejercicio es un acontecimiento único.

◆ Una vez que hayas completado con éxito este ejercicio tendrás una visión muy diferente de tu propia reacción. Lo primero que notarás es el tiempo del que dispones entre el punto sin retorno «percibido» y la etapa actual de la eyaculación. Si lo comparas, sería más o menos el tiempo de hacer un par de llamadas, pagar unas pocas facturas... Bien, en realidad es más tiempo del que pensabas. También descubrirás que posees mucho tiempo para presionar el músculo PC y para retirarte cuando estás a punto de eyacular. La eyaculación puede parecerte inevitable una vez que alcanzas el punto sin retorno pero, de hecho, tienes tiempo suficiente para pararla, si quieres.

◆ El conocimiento que has adquirido en este ejercicio debería darte más seguridad sobre la capacidad que posees para controlar tu fisiología, incluso en niveles muy intensos de excitación. Afortunadamente, esta seguridad hará que cualquier tendencia al pánico desaparezca durante el paso 2. Pero antes de que lleguemos a él, he aquí un ejercicio que te ayudará a descubrir la eyaculación consciente sin ayuda de la pareja.

Ejercicio 16. El kilómetro más largo

◆ Realmente te parecerá que es eso: un tramo larguísimo antes de llegar a la meta, pero sólo son los últimos pasos, así que túmbate y ponte muy cómodo (quizá prefieras hacerlo sentado). Este ejercicio comienza como las prácticas de picos que ya hemos hecho antes. Usa mucha lubricación, comienza a frotarte el pene y trata de sentir la excitación.

◆ Haz un pico en el nivel 4 y cuando lo alcances deja bajar la excitación dos niveles. Después repite lo mismo en el nivel 6 y en el 8. Recuerda que no es una carrera contra el reloj y que debes tomarte el tiempo que necesites, cada pico debería llevarte al menos tres minutos.

◆ Llegamos al nivel 9. Haz un pico aquí, siempre respirando profundamente a medida que dejas que la excitación baje una vez más. Intensifica la estimulación y deja crecer la excitación hasta que llegue al punto de inevitabilidad y entonces deja de frotarte. Abre los ojos y concentra toda tu atención en los genitales.

◆ La respiración es muy importante en este momento, debe ser profunda y regular mientras comienzas a eyacular. ¿Puedes sentir agruparse el semen en la base del pene? ¿Sientes cuando el músculo PC comienza a contraerse? ¿Notas el semen moverse a través del pene?

◆ Si te detuviste en el momento preciso, la eyaculación de dos segundos te habrá parecido que duraba al menos cinco o seis, sino más. Como ya explicamos en el ejercicio anterior, las sensaciones «etéreas» o de conciencia alterada son muy comunes cuando se practica esta técnica.

Paso 2: *Las llaves del reino*

Ahora que ya has adquirido un poquito de conciencia «eyaculatoria» bajo la cintura, por decirlo así, estás listo para el *coup de grace*. Tengo que decirte que los dos ejercicios siguientes son mis favoritos a la hora de enseñar a un hombre a tener orgasmos múltiples. Si crees que la técnica de un disparo era incomoda, problemática o menos satisfactoria –como le ocurre a muchos hombres– éstos que te explicaré son tus ejercicios, lo que estabas esperando. Yo los encuentro muy precisos y, de verdad, nunca he conocido a un hombre que no compartiese mi entusiasmo una vez que hubo seguido todas las instrucciones y sugerencias.

El ejercicio 17 es para compartirlo con la pareja, mientras que el ejercicio 18 es para el hombre que prefiere aprender por su cuenta. Has trabajado mucho para llegara este momento. Hoy te aguarda un mundo enteramente nuevo, tus fantasías más profundas están a punto de convertirse en realidad y es ahora cuando obtendrás la gran recompensa. Pronto serán tuyas las llaves del reino. ¡Vamos, es hora de que nos pongamos a trabajar!

Ejercicio 17. El gran despegue (en pareja)

◆ Vas a necesitar por lo menos una hora entera para hacer este ejercicio. Si a lo largo del libro encuentras alguna práctica en la que no se debe tener prisa, créeme, es ésta. Para comenzar, debes echarte boca arriba recibiendo de tu pareja caricias en los genitales, siguiendo la concentración sensitiva. Concéntrate en lo bien que sientes el suave tacto de tu pareja mientras permites que el nivel de excitación comience a crecer. Entre tanto, tu compañera debería concentrarse en tocarte y tomar conciencia ella misma de su sensualidad.

◆ Comenzando por el nivel 4, debes hacer picos aquí, en el nivel 5 y en el 6. Recuerda que la premura es la peor de las consejeras, así que calma.

◆ Llegados a este momento, cambiad las posiciones para que puedas penetrarla. Ella debería estar tumbada boca arriba con las piernas arriba y las rodillas dobladas. Cuando te coloques de rodillas, las piernas tienen que soportar la mayor parte del peso.

◆ Ahora debes intentar hacer una serie de picos, pero van a ser muy diferentes de los que has hecho antes. De ahora en adelante serán unos picos realmente rápidos, intensos, empujando vigorosamente. Y tienes que presionar muy concentrada y potentemente el músculo PC. No te debes tomar mucho tiempo de descanso entre picos. Este ejercicio será muy intenso.

◆ Comienza introduciendo el pene en tu pareja y empujando suavemente mientras tomáis velocidad. Ahora empuja tan fuerte como puedas mientras alcanzas el nivel 8 de excitación. Detente y presiona el músculo. Tendrás que hacer algo de fuerza. Tu pareja deberá cesar también en sus movimientos. Respira profundamente, abre los ojos y permite que la excitación baje un nivel.

◆ Una vez que hayas completado este ciclo comienza de nuevo hasta llegar al 8'5 y repite el proceso.

◆ *Consejo.* Este ejercicio funciona mejor cuando la experiencia de tu pareja es un reflejo de la tuya. No significa que deba tener ninguna capacidad especial, sólo que debería ser tan intenso para ella como lo es para ti, y es importante que se sienta libre para expresarte lo que siente. Sólo hay una cuestión. No importa lo mucho que ella desee seguir: en el momento en que tú te detengas, ella debe parar también.

◆ Tan pronto como recuperes las energías, querrás despegar de nuevo para realizar otra carrera hacia la cima. Intenta que el pene apunte esta vez incluso más alto empujando tan fuerte y rápido como puedas hasta el nivel 9. Entonces, para y presiona el músculo PC tan fuerte como puedas. Recuerda que tu pareja tiene que detenerse también. Respira profundamente, abre los ojos y desciende un nivel.

◆ Es aquí cuando la cosa se pone realmente interesante. Una vez más, vas a incrementar ligeramente el ángulo de entrada. En el momento en que realices este ejercicio el pene penetrará a tu pareja en un ángulo de casi 90 grados. ¿Estáis los dos listos? Esta vez vas a empujar hasta el nivel 9'5 antes de parar y presionar. Recuerda que cuanto más alto sea el nivel de excitación, más fuerte tiene que ser la presión y más profundamente tienes que respirar.

◆ Baja un nivel y haz acopio de fuerzas, el camino que queda es corto pero intenso. Comprueba que tu pareja se siente feliz antes de reanudar la marcha. Esta vez, ¡el objetivo es el nivel 9'75! Y tendrás que detenerte a tiempo porque cualquier movimiento extra te hará mucho más difícil contener la eyaculación.

◆ Tu pico final va a ser al nivel 9'9 –tu punto de inevitabilidad–. Éste es el pico mayor. Tranquilo, no permitas que el pánico te invada. Recuerda que tienes tiempo suficiente entre el punto de inevitabilidad y la fase de expulsión de la eyaculación. El pene debería apuntar ahora tan alto como puedas. ¡Comienza la «carrera»! Empuja tan fuerte y rápido como puedas hasta el punto de inevitabilidad y cuando lo logres, detén el movimiento, aprieta el músculo y ofrece a tu pareja todo lo que tienes. Respira y abre los ojos mientras intentas mantener la presión sobre el músculo entre cinco y diez segundos.

◆ Ahora mismo deberías sentir como tu cuerpo llega al orgasmo: el corazón late con violencia, los músculos se contraen, y probablemente estás sudando... ¡Pero no has eyaculado! Bien, acabas de tener un orgasmo sin eyaculación.

◆ Lo que ahora debes hacer es retroceder y descansar un poco, empezando a empujar lenta, suavemente, para ayudarte a mantener la erección. Dale muchos besos a tu pareja por ser tan maravillosa, pero recuerda que aún no se ha terminado la tarea. Sigue adelante.

◆ *Consejo.* Después del primer orgasmo puede que la erección baje un poco temporalmente. Si estableciéramos una escala de rigidez del 1 al 10, podría situarse en un 5. Por esto tienes que reanudar el movimiento tan pronto como te sea posible y volver a coger velocidad.

◆ Una vez que ambos hayáis descansado y estéis listos, llega la hora de recorrer el último trecho. Empieza intensificando los empujes y así permitirás que crezca el nivel de excitación, pero esta vez no intentes parar. Pasa al nivel 8 y continúa empujando, y también al nivel 9. Empuja hasta el punto sin retorno, viendo como llega la meta... y superándola. Permítete un orgasmo pleno, fabuloso, completo, con eyaculación y un acompañamiento orquestal de ochenta músicos. ¡Felicidades! Acabas de experimentar un orgasmo múltiple.

Este ejercicio se llama «el gran despegue» porque recuerda el modo en que los aviones se elevan en el aeropuerto internacional John Wayne, en Orange County, California. Para eliminar la polución acústica durante el despegue, el piloto coloca el avión en un ángulo realmente alto, acelera muy rápido y luego para los motores. Tu pico final en el nivel 9'9 debería parecerse a esta maniobra. El pene está en un ángulo lo más alto posible, mientras tú empujas tan rápido como puedes y luego, de repente, usas el músculo PC para «parar los motores». ¿Te lo imaginas?

Hay otra imagen que ayuda a mis pacientes a aprender y recordar este ejercicio. Cuando lo realices, piensa que estás corriendo hacia una colina lo más rápido que puedes hasta que alcanzas una señal que dice «nivel 8». Aprietas el freno y contienes la respiración. Quizá te deslices colina abajo un poquito, hasta el poste que indica «nivel 7». Cuando alcanzas esta señal empiezas a correr de nuevo hasta donde indica «8'5», y repites la misma operación. Así ocurre cuando llegas al indicador del 9, del 9'5, 9'75... La última carrera es hasta la señal que marca «nivel 9'9: no ir más allá de este punto». Desde aquí divisas la cima, y más allá puedes ver cómo se abre una pendiente, al otro lado de la colina, así que corres, pero frenas en el momento exacto antes de deslizarte por la cara opuesta de la loma. Pero incluso aunque tus pies están firmemente plantados en la señal, el momento emocional que vives te hace sentir como si hubieses ido más allá de la cima, y experimentas todas las sensaciones de la caída, pero ¡sin caer!

Estas dos imágenes —el despegue para disminuir el ruido y las carreras por la ladera de la colina— deberían ayudarte a moverte y a conseguir los ángulos correctos en los puntos cruciales de este ejercicio. Si ya te había creado una imagen propia, úsala.

Simplemente encuentro estas dos imágenes extremadamente útiles cuando alguien aprende estas técnicas por vez primera.

Para el autodidacta: «hazlo tú mismo»

El método siguiente es uno de los que uso más a menudo para enseñar a los hombres a tener un orgasmo múltiple sin pareja. Incluso si tienes una pareja con quien aprender, el hecho de practicar por tu cuenta siempre acelera el proceso de aprendizaje. Éste es un ejercicio particularmente bueno para practicar varias técnicas y pulir el control. A la mayoría de los hombres le excita deslizarse, en al menos unas pocas sesiones privadas de práctica, cuando aprenden por primera vez estos métodos. Hay mucho que aprender en los comienzos, y los hombres me dicen que practicar por su cuenta les ayuda a tener más seguridad.

Ejercicio 18. Bicampeón (en solitario)

◆ Túmbate, relájate y ponte muy cómodo. Coge un poco de crema lubricante y comienza a frotarte el pene, acariciándote los genitales, siguiendo el ritmo que te marca la concentración sensitiva. Empieza con algunos picos agradables, bajos, lentos. Te recomiendo que practiques uno o dos picos en el nivel 4, a continuación otro en el nivel 5 y uno más en el 6. Cada pico debe durar al menos tres o cuatro minutos.

◆ Una vez que hayas completado al menos tres o cuatro picos de bajo nivel, vas a apuntar más alto, hacia el nivel 8. Pero esta vez vas a hacer algo un poquito diferente.

◆ *Consejo.* Esta técnica no funciona si intentas saltar de golpe hasta tocar el fondo de la piscina y empiezas con picos en niveles altos como el 8 ó el 9. Debes comenzar lentamente, practicando en puntos bajos.

◆ En vez de usar una friega lenta siguiendo la concentración sensitiva, vas a frotar el pene todo lo rápido que puedas para llevar la excitación al nivel 8.

◆ Cuando lo alcances, aprieta el músculo PC, respira profundamente –todo lo profundamente que puedas– y abre los ojos. La frotación debe ser ahora más suave, permitiendo que la excitación baje un par de niveles.

◆ Tu próximo objetivo será alcanzar el nivel 8'5. Para llegar a él, empieza a acariciarte los genitales tan rápido como puedas. Cuando percibas que has llegado al punto clave, presiona el músculo tan fuerte como puedas, respira profundamente y en ese momento abre los ojos. Vuelve a dejar que tu nivel de excitación descienda de nuevo.

◆ Tendrás que repetir este método de «frotación rápida» para el nivel 9 y el nivel 9'5. Una vez que hayas completado estos dos pasos, ya estás listo para reanudar la marcha tan rápido como puedas hasta el punto de inevitabilidad, el nivel 9'9. Cuando llegue este momento deberás hacer presión tan fuerte como te sea posible, abrir los ojos y tratar de mantener una respiración lenta. Es necesario que mantengas firme la presión al menos durante cinco segundos completos.

◆ Llegado a este punto deberías tener el orgasmo, pero si el músculo PC está fuerte y controlas correctamente el tiempo, no vas a eyacular.

◆ Lo sé, es un trabajo duro. Probablemente, te encontrarás sudando si has seguido mis instrucciones al pie de la letra, así que baja un par de niveles y contén realmente la respiración. No dejes de frotarte, ahora más despacio, porque no se trata de perder la erección.

◆ ¿Preparado para el segundo orgasmo? Magnífico. Reanuda el ritmo que llevabas al acariciarte tan rápido como puedas. Pasa el nivel 9, el 9'5 y continúa, desde el punto de inevitabilidad hasta el orgasmo. No intentes parar, tan sólo permite que llegue un orgasmo pleno, completo, con eyaculación. Y así es cómo se tiene un bonito orgasmo múltiple según el método de «hazlo tú mismo».

Sabes que funciona cuando...

Permíteme que te recuerde, una última vez, que tus intentos iniciales con estos ejercicios de orgasmo múltiple pueden tener resultados que te parecerán extraños o inusuales. Puede que tengas sólo un orgasmo parcial que te parezca no del todo especial, o puedes creer que has omitido uno. Incluso es factible que hayas tenido una eyaculación sin ningún orgasmo después del primer orgasmo. No te asustes ni te desanimes. En realidad es una buena noticia. Significa que estás en camino de tener tu primer orgasmo múltiple, y que tu cuerpo se está ajustando, acoplándose a algunas ideas nuevas. Como dije antes, la mayoría de los hombres tiene al menos una de estas experiencias inusuales antes de que la técnica haga «clic». Así que relájate y goza del proceso.

Práctica, práctica, práctica

Aprender las técnicas de este libro es como iniciarse en un mundo nuevo de sensaciones. Algunos sujetos tienen más fortuna que otros. Llegarán a ser multiorgásmicos de forma rápida y fácil, y retendrán esa capacidad, incluso la mejorarán, durante el resto de su vida. Pero, ¿y los demás? Según mi experiencia, la mayoría de los hombres domina el arte del orgasmo múltiple de la manera más convencional, dos pasos hacia delante, un paso hacia atrás. Para estos hombres, la clave para mejorar reside en esa palabra que todos tememos pronunciar: práctica.

¿No detestas cuando un profesor empieza a darte una conferencia sobre la importancia de la práctica? Sé que sí, a mí también me ocurre. Es por eso por lo que he dejado las lecciones de violín cuatro veces. Pero, bueno... como todos sabemos, a veces no hay otra forma de llegar a conseguir los objetivos que nos hemos propuesto.

Estás aprendiendo a hacer cosas asombrosas con tu cuerpo. No es justo esperar que todo sea perfecto la primera vez. Aquí debes hacer de la «p» un emblema. «P» de práctica y de paciencia. Sólo así podrás consolidar y refinar con facilidad las técnicas que te proporcionarán años y años de múltiples placeres. Lo más importante que tienes que recordar es que si sigues estas técnicas siempre te darán resultado.

El camino más sencillo para reforzar la técnica es seguir repitiendo los ejercicios que acabas de completar en el apartado 10. Ahora, no sé a ti, pero a mí ya no me suenan como unos deberes difíciles, duros y dolorosos... ¡y eso que odio los deberes!

Es también muy útil volver a realizar los ejercicios de apartados anteriores que enfatizan el control y la técnica: los picos (6 y 7), los picos con el PC (8, 9 y 10) y las mesetas (11 y 12). Éstos te serán de gran ayuda si te encuentras con algún que otro problema para controlar los picos en niveles altos. Desde luego, deberías entrenar el PC para mantener ese musculito fuerte como un toro.

Hay otro ejercicio más que se centra en afinar el tiempo y el control. Es un ejercicio realmente excitante, e incluso sino te decides a probarlo, al menos deberías leerlo; puede que te sugiera una o dos ideas para más tarde.

Ejercicio 19. *La división del átomo (en pareja)*

◆ Este ejercicio comienza con el hombre echado boca arriba mientras su pareja le acaricia los genitales. Empieza haciendo los picos o las mesetas más fáciles, los de bajo nivel. Por ejemplo, del nivel 4 al 6. Tómate tiempo... al menos cuatro o cinco minutos en cada nivel, concentrándote en las sensaciones que te producen las caricias.

◆ Suponiendo que en este punto hayas logrado ya una buena erección, es el momento de cambiar posiciones. Tu pareja debería tenderse boca arriba con las piernas levantadas y las rodillas dobladas. Mientras te colocas delante de ella comprueba que son las piernas las que soportan tu peso, no los brazos, y penétrala. Comienza empujando con medida –no tan lento que la excitación sea mínima, ni tan rápido que te resulte difícil controlarte–.

◆ Intenta lograr un pico en el nivel 8 y cuando lo alcances frena un poco mientras presionas una vez el músculo PC. Tranquilo, ahora no has de actuar con fuerza, sino con firmeza, con una presión mediana. Tu pareja debe retrasar sus movimientos para equipararlos con los tuyos. Permite que la excitación baje un nivel y vuelve a repetir este proceso en 8'5, y después en 9.

◆ Ahora es cuando la cosa se pone un poquito más interesante que de costumbre. De ahora en adelante vas a escalar posiciones centímetro a centímetro hasta el punto de inevitabilidad, haciendo una serie de picos cortos (45 segundos o incluso menos) a niveles cada vez más altos. Piensa como si intentases hacer picos en el nivel 9'1, en el 9'2, el 9'3... hasta el nivel 9'9.

- Puede sonar un poquito ridículo intentar hilar tan fino, pero, de hecho, no es tan difícil. Por ejemplo, la diferencia entre el nivel 9'4 y el 9'5 probablemente sea sólo un par de empujones... podría incluso ser uno solo, así que lo que vas a hacer es añadir nada más que unos pocos empujones adicionales cada vez que hagas un pico, usando el músculo PC para bajar un poquito entre cada pico.

- El pico final será en el punto de inevitabilidad, el nivel 9'9. A causa del planteamiento gradual que has hecho para alcanzar la cima, probablemente encontrarás que esta vez te resulta mucho más fácil presionar el músculo justo en el momento preciso, permitiendo que el cuerpo alcance el orgasmo sin eyacular. Después del primer orgasmo, concédete un pequeño descanso, manteniendo el ritmo suavemente y respirando con comodidad. ¿Estás preparado para más? Si mantienes la erección y la excitación es muy alta, coge velocidad y empuja hasta el punto de inevitabilidad, teniendo un segundo orgasmo, completo, con eyaculación.

- Este ejercicio no es usual: casi como si hicieses mesetas en niveles muy altos, mientras presionas el músculo PC cada pocos segundos. Es como si tu cuerpo tuviese pequeños espasmos –o miniorgasmos– antes de alcanzar por primera vez la cima.

- No te apures demasiado si omitiste uno de los picos en un nivel alto y te animó la idea de tener una eyaculación parcial, o puede que plena, con ese primer orgasmo. Piensa que estás haciendo esto para obtener placer, y que no se trata de una técnica para controlar la natalidad, ni de un examen de graduación. Intenta tener otro pico y otro orgasmo, pero sino te puedes recobrar, no te preocupes, tan sólo recuerda que la próxima vez que hagas este ejercicio deberás ser un poquito más conservador al empujar.

Como la mayoría de las técnicas que has aprendido hasta ahora, el siguiente ejercicio puede hacerse también sin pareja.

De hecho, resulta muy agradable si decides hacerlo por tu cuenta, porque es un poco más fácil que llegues a controlar la intensidad de la estimulación cuando usas tus propias manos. Ya has visto que los pequeños matices son muy importantes, y que la más mínima porción de control marca la diferencia.

Ejercicio 20. El doble diario (en solitario)

◆ Ya sabes cómo debes empezar: tumbándote y comenzando a acariciarte después de haber aplicado lubricación, frotándote lentamente el pene del modo que te produzca más placer. Para la primera parte del ejercicio, simplemente quiero que alcances tres o cuatro picos de bajo nivel (nivel 4, nivel 5 y nivel 6) usando el músculo PC para controlar la excitación en cada pico. Intenta ejercer una presión media. Acuérdate de respirar profundamente en cada pico para ayudar a la excitación disminuya uno o dos grados. Tómate el tiempo que consideres necesario.

◆ El próximo pico será algo más intenso, un pico en el nivel 8. Probablemente, ahora ya estarás frotándote el pene un poquito más rápido. Si te ayuda, está bien, con tal de que no intentes apresurar el proceso. El músculo PC será el que te servirá en todo momento para controlar la excitación (una presión firme, pero no asesina), y acuérdate de respirar profundamente mientras presionas.

◆ La fase siguiente de este ejercicio comienza en el nivel 9. Lo que quiero que hagas aquí es intentar crear una serie de «minipicos», que irán desde el nivel 9 hasta el 9'9. Esto debe sonarte intrincado y complejo, pero no es tan difícil una vez que sabes que con sólo dos o tres caricias más consigues elevarte de un mininivel al siguiente. Así que digamos que acabas de usar el músculo PC para hacer un pico en el nivel 9.

◆ Reanuda las caricias y pasa un poco de este punto: has llegado al nivel 9'1. En este momento presiona medianamente el PC, respira profundamente y permite que el nivel baje siempre muy ligeramente (ni siquiera un nivel completo).

◆ Empieza a tocarte de nuevo, esta vez pasando más allá del nivel 9'1 y llegando al nivel 9'2. Entonces debes repetir el proceso anterior hasta que llegues al punto 9'9. En cuanto lo alcances debería resultarte relativamente fácil presionar sólidamente el músculo PC una última vez, precisamente en el momento justo, permitiendo al cuerpo tener el orgasmo sin eyacular.

◆ Como ya te expliqué en el ejercicio anterior, no hay necesidad de que te sientas mal si omites uno o dos de estos mininiveles y te encuentras teniendo una eyaculación. Simplemente toma nota para la próxima ocasión y recuerda que debes ser más conservador cuando realices las caricias.

◆ Después del primer orgasmo, relájate durante un minuto o dos manteniendo las caricias, pero ahora más lentamente. Este ejercicio es muy agotador y puede que hayas tenido suficiente con una sesión por ahora, pero si todavía tienes ánimos para continuar, coge velocidad de nuevo y frótate hasta tener un segundo orgasmo. Esta vez no intentes contener la eyaculación.

¿A dónde vas y desde dónde?

¿Cómo te sientes ahora? Tener el primer orgasmo múltiple puede ser una experiencia que altere tu vida. De repente, el mundo parece un lugar muy diferente. Te das cuenta del efecto que este proceso tendrá en ti: desde tus temores más profundos a las más profundas fantasías. Uno de los momentos más gratificantes que experimento como clínica es cuando un paciente lo consigue por vez primera. Puedo asegurarte que es un privilegio ayudar a que una persona alcance tal grado de comprensión sobre su propio potencial sexual y cambie para siempre.

Una vez que hayas tomado el control del proceso que acabas de aprender, los orgasmos múltiples son fáciles. Al principio, probablemente querrás seguir muy de cerca el estilo y los pasos de los ejercicios que hemos practicado, pero en poco tiempo, te sentirás tan seguro del control que tienes de la eyaculación, que estarás listo para expandir tus horizontes. Para ti y para tu pareja se abre un mundo feliz. Piensa en todos los ejercicios de este libro como el «equipo de iniciación». He incluido todo lo que necesitas para tener horas y horas de diversión pero, realmente, es sólo el comienzo. Pronto vas a querer añadirle nuevos complementos.

Estoy segura de que a estas alturas habrás notado que en cada uno de los ejercicios de orgasmos múltiples de este libro, yo te animaba a tener otro orgasmo después de un par de minutos de alcanzar el primero. La razón de sugerirte que tuvieses el segundo tan rápidamente era hacerte menos pesado el aprendizaje de estas técnicas. Ya es bastante duro llegar al punto en que puedes tener el primer orgasmo sin eyaculación como para que, además, te hiciera sentir preocupado por el siguiente. Al principio, es más importante saber que lo puedes tener. El tiempo que tarde ese orgasmo en llegar es secundario.

Pero ahora sabes que puedes tener dos orgasmos seguidos sin perder la erección. ¡Fantástico!, ¿no? Puede que no quieras llegar a completar un segundo orgasmo tan rápidamente, quizá prefieres esperar un rato... y esperar... y esperar. Después de todo, ¿no es por eso que has llegado hasta aquí?

Es hora de empezar a completar tu repertorio. La mayoría de los regímenes de ejercicios comienza con pruebas que alargan este proceso, pero aquí es donde nosotros vamos a finalizar. Comienza intentando ampliar el tiempo entre el primer y el segundo orgasmo. ¿Cuánto tiempo puedes continuar antes de tener el segundo orgasmo? Y sobre todo, ¿cuánto tiempo quieres seguir? Quizá no quieras eyacular la segunda vez, o quizá prefieras intentar un tercer orgasmo... o incluso un cuarto. ¿Por qué no? ¡Te lo has ganado! De ahora en adelante, aquí tienes tu nuevo mantra: extender, extender, extender.

Empieza también a experimentar dentro de este terreno. Intenta ser creativo y ambicioso. Ahora que sabes lo que debes hacer, conseguirás el control. Simplemente ten presente que puedes recurrir cada vez que lo desees a este «equipo de iniciación», a la serie de ejercicios propuestos, en caso de perder el rumbo. Experimenta con el control del tiempo, con sus técnicas, con el ritmo y las posiciones. Pero antes haz algo importante: dale entrada a tu pareja: ¿qué desea ella ahora mismo?, ¿cuáles son sus fantasías?, ¿y sus necesidades?, finalmente, ¿a dónde quiere ir y desde dónde? Permite que sus respuestas te vayan guiando.

El orgasmo masculino múltiple es un acontecimiento mágico. Mágico para ti, para tu pareja y mágico para vuestra relación. El trabajo más duro ya ha quedado atrás y el futuro está lleno de posibilidades. Simplemente recuerda que decidas donde decidas ir, desde aquí, lo más importante para ambos, es gozar de vosotros mismos.

¡Éxito!

Me gustaría finalizar este libro presentándote a cuatro hombres multiorgásmicos. Todos ellos han aprendido hace poco las mismas técnicas que has estado practicando. Cada uno posee una historia diferente, y merece la pena que la conozcas. Aunque los motivos que los impulsaron a acercarse hasta aquí son distintos, lo mismo que su comprensión de la sexualidad masculina, su actitud y su fisiología, todos ellos tenían el mismo objetivo: alcanzar el orgasmo masculino múltiple.

Una vez que lo consiguieron han querido compartir sus experiencias contigo. Algunos de ellos incluso tienen consejos que quieren ofrecerte, porque han recorrido el mismo camino que tú has hecho.

La historia de Stephen

Como muchos hombres que están interesados en aprender a ser multiorgásmicos, el motivo que atrajo a Stephen era el desarrollo natural de su orientación al placer. Cuando nos encontramos por vez primera, me contó lo siguiente sobre sí mismo:

«Creo que hay mucho placer por obtener en cada aspecto individual de la vida. No importa lo que estés haciendo –esquiando, pedaleando, pintando, o incluso trabajando– siempre intento encontrar la zona de placer y extender mi experiencia a ella. Para mí, en eso consiste la vida. Desde luego, siempre he intentado hacer lo mismo en el sexo. Siempre experimento con técnicas diferentes, siempre intento 'expandir' la zona. No me interprete mal, no es ninguna obsesión ni nada parecido; simplemente tengo un impulso interno muy fuerte, unido a una curiosidad infinita y una voluntad de probar cosas nuevas. Por eso me atraía tanto la idea del orgasmo masculino múltiple. Todo el concepto parecía como una extensión natural de mi actitud y mi vida. Todavía recuerdo mi reacción la primera vez que oí que existía tal cosa. Escuchaba a algún sexólogo hablar en la radio de los des-

cubrimientos originales de Kinsey. Era una discusión muy abu-
rrida, hasta que mencionó lo de los hombres multiorgásmicos. De
repente, una gran sonrisa iluminó mi cara, y le dije a mi novia
'parece que hablase de mí'».

Cuando empezó a trabajar conmigo en la clínica, el objetivo de Stephen era aprender a penetrar la vagina de su pareja, en niveles muy altos de excitación, tanto tiempo como fuera posible. Me dijo que no quería «sólo el viejo orgasmo múltiple». Buscaba una experiencia de la máxima intensidad; desconociendo que cada orgasmo múltiple era una experiencia muy intensa. Stephen resumió así su proceso de aprendizaje:

«Después de dominar los ejercicios iniciales, no tardé mucho
en aprender a mantener la erección y la excitación después del
primer orgasmo. Al principio no siempre era capaz de contener
la eyaculación, pero la verdad es que eso no me sorprendía. Des-
pués de todo, lo había hecho durante muchos años, y mi cuerpo
estaba muy acostumbrado a esa senda... No esperaba tener un
control total toda la noche.

Incluso si eyaculaba, quería intentar seguir moviéndome tan-
to tiempo como fuera posible. Dina fue de mucha ayuda en esos
momentos: nunca me juzgó ni me criticó, y lo más importante
nunca intentó pararme. Simplemente me dejaba hacer lo que po-
día. Estaba dispuesto a lograrlo de un modo u otro, pero su ge-
nerosa actitud fue realmente de mucha ayuda.

Pronto fui capaz de tener un segundo orgasmo a los dos o tres
minutos del primero, pero eso era sólo el comienzo. Una vez que
supe que podía mantener la erección y seguir empujando, empecé
realmente a 'forzar' la zona: cinco minutos, diez minutos, quin-
ce, veinte...

Ahora veo que puedo permitirme eyacular durante el primer orgasmo, sin perder la erección, y tener todavía una segunda eyaculación parcial con el segundo orgasmo. Esto es asombroso para mí.

La clave ha sido llegar a concentrar todo en la sensación de moverme dentro y fuera del cuerpo de mi novia. Es ahí donde los ejercicios de concentración sensitiva dieron realmente resultado. Cuando Dina está todavía mojada por mi primera eyaculación, la experiencia es incluso más intensa. Imagino que es eso lo que ayuda a hacer real lo que hasta ahora era, sencillamente 'imposible'».

La historia de Alex

Cuando Alex era un adolescente podía lograr orgasmos múltiples con muchas de las mujeres con las que tenía relaciones sexuales. Tenía mucha confianza en sí mismo y adoraba practicar el sexo. A medida que se hizo mayor, sin embargo, perdió su capacidad multiorgásmica. Y con ello también perdió mucha de su confianza sexual.

Alex vino a mi consulta con su esposa Paula. Llevan casados seis años. Aunque me aseguraron que muchos aspectos de su vida sexual les resultaban gratificantes, también reconocieron que había áreas que necesitaban trabajarse.

En su primera visita, Alex expresó un poderoso deseo de realzar y controlar su respuesta sexual y de recuperar la magia de sus años mozos. La preocupación mayor de Paula era la actual falta de confianza de Alex, pero también la intrigaba la idea del orgasmo masculino múltiple y no tenía problemas en imaginar los posibles beneficios para ambos.

Alex empezó su proceso de «reaprendizaje» fortaleciendo el músculo PC. Luego comenzó a hacer ejercicios de picos y mesetas con Paula durante el intercambio. He aquí cómo recordó las primeras sesiones con Paula en las que practicaron estas nuevas técnicas:

> «*Durante el intercambio con Paula, presionaba el músculo PC a cada pico hasta el punto de inevitabilidad. En ese punto tenía lo que llamaría 'un orgasmo del 60%' junto con una eyaculación parcial. Era capaz de mantener la erección y continuar teniendo intercambio con Paula, lo cual estaba bien. Pero, francamente, no parecía tan bien. De hecho, parecía un tanto divertido, pero era una diversión insólita, y en ese punto yo era escéptico*».

Después de hablar con Alex y Paula de estas experiencias iniciales, me di cuenta de que Alex no había tenido mucho éxito en las primeras ocasiones. Me pareció que quizá necesitaba retroceder un poquito y demorar el proceso. En vez de forzarlo a seguir practicando las técnicas que ya usaba, lo animé a que hiciese más ejercicios de conciencia.

Pensé que Alex y Paula como pareja se beneficiarían de una mayor práctica de las caricias de concentración sensitiva, y sospechaba que Alex se beneficiaría también al concentrarse más en el proceso de crear y mantener mesetas a niveles más y más altos. Le sugerí que practicase primero las mesetas solo, para eliminar algo de presión y lo cierto es que le fue de mucha ayuda, como lo cuenta él mismo:

> «*Empecé a practicar por mi cuenta, haciendo mesetas en los niveles 8, 8'5, 9 y 9'5. En el punto de inevitabilidad me concentraba resueltamente en la ingle y en la sensación de empujar. En este punto, tenía la sensación de un orgasmo extremadamente prolongado –quizá de diez a doce segundos, comparados con los tres o cuatro segundos habituales–. Sudaba como en las pelícu-*

las, y el corazón me latía violentamente. Todo esto era una experiencia nueva para mí y fue muy intensa. Recuerdo que esa vez pensé: 'Quizás haya dado con algo'.

Entonces probé a presionar de nuevo, mientras practicaba el intercambio con Paula. Las primeras tres veces que lo intenté, sólo tuve un 'orgasmo del 50%', pero a diferencia de las veces anteriores, ya no eyaculaba. Algo había cambiado definitivamente en mi cuerpo, y me sentí realmente animado».

En este punto del proceso les expliqué a Alex y Paula mi ejercicio favorito, «El gran despegue». Alex recuerda:

«Aprender el nuevo ejercicio fue para nosotros el punto de inflexión final. Exactamente la primera vez que Paula y yo lo probamos, tuve 'orgasmos del 100%', con siete minutos entre cada uno. Paula tuvo también un orgasmo extraordinario.

Al principio, era más fácil tener el segundo orgasmo fuera de la vagina de Paula. Una vez que ella se sentía satisfecha, nos deteníamos y ella me masturbaba con las manos hasta que yo alcanzaba el clímax. Esto estaba bien durante un rato pero, finalmente, llegué a estar cómodo dentro de ella durante mi segundo clímax. Desde luego que parecía mejor para ella y para mí.

No puedo exagerar lo que ha hecho por mí ser de nuevo multiorgásmico. En menos de dos meses, pasé de la incertidumbre extrema que tenía sobre todo el asunto, a ser capaz de tener dos orgasmos del 100% –uno sin eyaculación y otro con ella– siempre que elegía hacerlo. Llegar a ser multiorgásmico me ha devuelto la confianza sexual y una visión de mí mismo que es difícil expresar con palabras. Paula me 'provoca' con eso todo el tiempo. Dice que soy una persona diferente... una persona con la que quiere hacer el amor más a menudo».

La historia de Charles

Charles compite cada año en maratones y biatlones. Al ser un atleta que se lo toma en serio, estaba preparado para realizar las técnicas del mismo modo que un deportista que desarrolla la resistencia para una maratón u otra competición. Charles conocía su cuerpo lo bastante bien para saber que si tenía paciencia, podría entrenarse para tener una respuesta multiorgásmica casi automáticamente. A continuación su testimonio en la primera consulta:

«Adoro el sexo, y mi esposa y yo nos divertimos mucho en la cama, pero hay una parte de mí que se toma este asunto muy en serio. He fortalecido mi cuerpo a través de toda clase de rigurosos programas atléticos de entrenamiento, y siempre he conseguido una compensación al final. Intuitivamente, sabía que no iba a ser diferente en algo como el orgasmo masculino múltiple. Te pones en marcha y obtienes resultados.

Mi estrategia era hacer un ejercicio y aprender la técnica por mí mismo, luego probarla en una sesión con mi esposa. En este caso teníamos claro que eran para nuestro mutuo placer. Los ejercicios los practiqué yo solo».

Charles estaba ansioso por empeza; sin embargo, progresó lenta y metódicamente con el entrenamiento –el signo de un atleta que se toma en serio su trabajo–.

Ejercitó mucho el músculo PC, pero nunca en exceso; sabía que sería cuestión de tiempo para que todo estuviera a punto. La gente fuerza demasiado cuando no conoce su cuerpo. Pero los atletas serios han aprendido la recompensa de medir sus pasos. ¿Por qué habría de ser diferente con estos ejercicios? ¿Tuvieron compensación la paciencia y el trabajo duro de Charles?

«Ha pasado casi un año desde que aprendí estas técnicas y los resultados han sido extraordinarios. Comparado con otros regímenes de ejercicios que practicaba, éste era coser y cantar. Nunca necesité aprender la técnica de las 'carreras cortas'. Todo lo que tenía que hacer era practicar los picos, las mesetas, el control del PC y todo lo demás iba saliendo sin realizar un gran esfuerzo. Y tampoco podría realmente explicar por qué no necesité realizar los ejercicios finales. Seguramente, mi cuerpo encontró un camino diferente».

Hay muchas sendas hasta la cima de la montaña, y es claro que Charles encontró la suya. El objetivo aquí es el orgasmo masculino múltiple, y cualquier cosa que funcione, está bien. No sorprende que todavía le resulte a Charles:

«Cuando termina un maratón, sabes que has llegado a la meta; pero cuando eres multiorgásmico, no finaliza nunca. Estoy llegando a ser más y más orgásmico cada vez, incluso aunque no lo siga intentando. He llegado a tener hasta cinco orgasmos durante una sesión con mi esposa. ¿Sabes cuál es la ventaja? Es como si hubiera descubierto de repente que mi cuerpo es multiorgásmico por naturaleza. Nunca lo supe porque ni siquiera sabía que existiera tal cosa. Pero ahora parece que soy yo quien es multiorgásmico y que lo fui siempre.

Mi esposa dice que conociéndome, y sabiendo lo resuelto que puedo ser, no se sorprende para nada de mi éxito, aunque, ciertamente, le agrada. Piensa que todo me ha sucedido tan fácilmente por lo decidido que soy, pero creo que es sólo una parte de la historia. Me pregunto cuántos hombres habrá, probablemente como yo, con mi capacidad natural, que están ahí sentados, esperando a que les den palmaditas».

La historia de James

Finalmente, me gustaría que conocieras a James. Es un ingeniero de estructuras que tenía muchas ganas de intentar el orgasmo masculino múltiple impulsado por «la fascinación que siente un ingeniero hacia su cuerpo». Los hombres como James son tan metódicos y científicos en sus estilos de planteamiento que desde los mismos comienzos parece inevitable el éxito.

Para entrenar el cuerpo y que respondiese del modo que preveía, James inventó su propio estilo de «cabalgar sobre los 9». Aprendió a hacer mesetas en el nivel 9 durante diez minutos enteros usando una combinación de respiración, contracciones del PC y variación de la velocidad al empujar. Tú ya has aprendido a crear mesetas, pero probablemente, no te imaginabas que podía cabalgar sobre mesetas de alto nivel hasta el orgasmo. Bien, James lo hizo, y le gustaron tanto los resultados que se pegó a ello, creando su estilo personal de llegar al clímax.

Cabalgar sobre una ola como ésta, a niveles muy altos, es diferente de las técnicas vigorosas que has aprendido. En vez de forzarte hasta el punto del orgasmo, casi «caes» en el orgasmo después de hacer mesetas durante intervalos largos en niveles muy altos. Como ya mencionamos antes, este tipo de planteamiento se acerca más al modo en que muchas mujeres tienen orgasmos múltiples. No es sorprendente que James tenga mucho que decir sobre su proceso:

«Hice la mayor parte del entrenamiento por mí mismo. Era capaz de conducirme al orgasmo múltiple antes de elegir hacerlo en pareja. Si puedo ser franco, siempre me ha parecido que la masturbación es esencial si vas a aprender tu propia respuesta personal. Sé que algunas personas pudieran sentirse incómodas

con esto pero, personalmente, creo que están en camino de sus propios progresos y de su propio placer. Si eres como yo, la clase de tipo que puede llegar a obsesionarse mucho por dominar algo como esto, no creo que sea justo pedirle a tu compañera que trabaje contigo cada vez que quieras practicar estas técnicas. ¿A veces? Sí, pero no siempre. Claro que la práctica (en solitario) es importante... Al menos lo fue para mí. No puedo imaginarme aprendiendo la clase de control que tengo ahora sino hubiese pasado mucho tiempo trabajando solo».

James ha aprendido a tener nada menos que cuatro orgasmos antes de eyacular. Sus palabras finales sobre la materia deberían ser una inspiración para todo hombre:

«¡No puedes fracasar! Si haces el trabajo, ¡simplemente no puedes fracasar! Cada ejercicio está un paso más cerca del objetivo. Cada uno, no importa lo que parezca, es una experiencia de aprendizaje. Algunas veces funciona, otras no, y a veces no sabes si llega a cumplirse. Puede ser un poco insólito, pero el cuerpo continúa cambiando, aún se está ajustando y adaptándose. Lo más importante es mantener una actitud positiva todo el tiempo y simplemente seguir. ¡Y seguir trabajando el músculo PC! ¡Un músculo fuerte es la clave para el éxito!»

Capítulo 6

Afrodisíacos: la química del erotismo

¡Ah, los afrodisíacos! ¿Quién no ha oído hablar de ellos? ¿Quién no se ha sentido tentado de probarlos alguna vez para experimentar los mágicos poderes que se les atribuyen? Desde la Grecia clásica viene el vocablo, que alude a los beneficios concedidos por Afrodita, la diosa del amor.

Estos productos, en forma de alimentos, bebidas o raíces, han despertado el interés de la humanidad desde las culturas más antiguas, bien para incitar un deseo sexual adormecido, o con la esperanza de aumentar espectacularmente la potencia. Casi todo el mundo se ha sentido atraído por ellos ante la promesa de ser unos estimulantes tan sabrosos para el paladar como infalibles en el sexo.

Las leyendas, curiosidades y anécdotas en torno a los afrodisíacos son numerosas. Por ejemplo, ¿sabías que Cleopatra –la mítica reina egipcia y una de la mujeres más hermosas de la Antigüedad– preparaba sus encuentros amorosos suavizando su piel con el famoso baño en leche de burra, y además sumergía una de sus perlas en vinagre para preparar una bebida estimulante? ¡Ante esto, nadie podía resistirse!

Los afrodisíacos más utilizados

Ya habrás escuchado que el marisco es uno de los afrodisíacos más potentes –aunque hay quien lo niega– y que las cebollas ayudan a conseguir una potencia extraordinaria. Pero existen otros muchos alimentos que han sido apreciados, a lo largo de la historia, por su poder estimulante. Lo más probable es que si abres un armario de la cocina te encuentres con la mayoría de ellos. Aquí te hablaremos sobre ellos, no es una lista exhaustiva, pero sí muy sorprendente.

Apio

Afrodisíaco legendario. Se producía en abundancia en la isla de la ninfa Calipso, según relata Homero en la *Odisea*. Sus propiedades son innumerables: depurativo, remineralizante, estimulante... Los efectos beneficiosos del apio sobre el organismo influyen sin duda en una buena salud sexual.

Cacao

Los indígenas americanos fabricaban chocolate con semillas de cacao y lo consideraban un potente afrodisíaco. Lo cierto es que el cacao contiene sustancias como la teobramina, la cafeína y las feniletilaminas, que actúan como estimulantes del sistema nervioso central. Ya sabes: regala a tu pareja una caja de bombones... y compartidlos.

Espárragos

Son muy ricos en minerales y pertenecen al grupo de los afrodisíacos más clásicos. Su forma fálica excita la imaginación y la manera de servirlos y degustarlos incita a todo tipo de fantasías.

Sin embargo, la explicación científica de sus propiedades como afrodisíaco es mucho más prosaica: el espárrago es un poderoso diurético cuya acción sobre las vías urinarias puede favorecer las relaciones sexuales.

Granada

Desde la época de los romanos, esta fruta se consideraba un símbolo de fertilidad. Los pueblos orientales confiaban en el vigor sexual que proporcionaba y era un alimento que no faltaba en las bodas.

Higo

Está considerado como un fuerte afrodisíaco en algunas culturas primitivas: el higo era consumido en banquetes nupciales por los chinos y, según los japoneses, potencia la fertilidad.

Plátano

Sin lugar a dudas, la forma fálica de algunos alimentos les ha merecido su inclusión en el grupo de afrodisíacos. Más allá de sus propiedades «revitalizadoras» y de las comparaciones eróticas, esta fruta tiene una historia singular.

Según varias versiones del pecado original, la serpiente que tentó a Eva en el Edén se ocultaba detrás de unas hojas de plátano. Quizá por eso se conoce en algunas culturas como musa paradisíaca.

Tomate

¿Sabías que esta fruta que tomamos casi a diario se conoce como la manzana del amor? Además, por su alto contenido en potasio, actúa como estimulante del sistema nervioso central y revitalizante del cuerpo.

Azafrán

Esta especia, la más cara del mundo, acelera el ritmo cardíaco y estimula el útero. Era utilizada desde la Antigüedad como medicamento y como condimento. Salomón la menciona en el *Cantar de los Cantares* y, por su parte, Hipócrates también confiaba en sus propiedades medicinales.

Ginseng

Pocas plantas con poderes medicinales han adquirido la popularidad de que recientemente goza el ginseng. Su origen se localiza en las montañas de Corea y China, donde comenzó a utilizarse con fines curativos en el quinto milenio antes de Cristo, aproximadamente. Desde China, el ginseng se extendió a la India, donde los textos sagrados del hinduismo, los vedas, la citan como raíz curativa.

Actualmente, se puede adquirir ginseng en forma de pastillas, de raíz seca, té, polvo... En dosis bajas, produce excitación del sistema nervioso central; las dosis altas pueden ser perjudiciales para personas nerviosas o con trastornos de ansiedad.

Guaraná

Es una planta lechosa, originaria de Brasil y cada vez más popular en Europa. El guaraná contiene una alta proporción de cafeína, y en ello pueden encontrarse sus propiedades estimulantes.

Henna

En Occidente, la henna es conocida como tinte para cabellos y piel, pero muy pocos conocen sus propiedades afrodisíacas. Se utilizaba tradicionalmente en la India, donde se creía en su poder contra la impotencia y la eyaculación precoz.

Jengibre

El jengibre es una de las especias más utilizadas desde hace 3.000 años en China. Como condimento y como aceite esencial, estimula fuertemente la circulación sanguínea.

Mandrágora

Es una hierba narcótica, de sugestivo nombre y no menos legendaria tradición en hechizos y ritos. Ya era conocida como afrodisíaco por los griegos, y los romanos la usaban como anestésico.

Nuez moscada

Al igual que el jengibre, procede de China. Tradicionalmente se creía que la nuez moscada aumentaba la virilidad, pero investigaciones recientes indican que su consumo en gran cantidad puede resultar tóxico.

Polen de abejas

Más que un afrodisíaco propiamente dicho, el polen de abejas es un suplemento vitamínico que mejora la salud y el vigor en general y, por tanto, incide favorablemente en el rendimiento sexual. Tiene la ventaja de que es apto para todas las edades y aunque se consuma de forma continuada no produce efectos secundarios negativos en el organismo.

Té

En el Oriente –China, India y Japón– lo han utilizado desde siempre como estimulante sexual. La teína contenida en las hojas de este arbusto actúa como excitante general, mientras que otra sustancia –la teofilina– sirve como estimulante la circulación sanguínea.

Trufas

La trufa es, quizás, el afrodisíaco más sofisticado del mundo. Fue apreciada por los romanos, y hay constancia de que personajes tan pintorescos como el marqués de Sade o el seductor Casanova la utilizaron. El principal inconveniente de este estimulante hongo europeo es su elevado precio.

Yohimbina

Procede de África Central. Provoca una gran dilatación de los vasos sanguíneos, por lo que incide directamente en la zona genital. Una infusión de yohimbina tomada veinte minutos antes del acto sexual puede intensificar el placer y provocar orgasmos muy satisfactorios. También puede adquirirse en cápsulas, pero, en cualquier caso, está contraindicada para hipertensos, diabéticos o personas con problemas de riñones, hígado o corazón. Asimismo es incompatible con el consumo de alcohol, anfetaminas y otras sustancias narcóticas.

Zarzaparrilla

Planta procedente de América Central que contiene testosterona. Es muy interesante para aumentar el vigor sexual de los hombres, especialmente de edad avanzada. La zarzaparrilla se consume habitualmente en forma de raíz pulverizada.

Opio, cocaína, alcohol... ¿drogas sexuales?

Este tipo de drogas parecen estar envueltas por un halo mítico. Quizá la literatura y el cine hayan sido uno de los factores principales para su difusión. Y aunque sus efectos sobre el organismo son claros, hemos decidido dedicarles un apartado por sus especiales características como sustancias capaces de generar adicción física y psíquica.

De todas ellas, la cocaína es la que más se ha considerado como auténtica droga sexual. Se trata de un alcaloide procedente de la hoja de un arbusto originario de Suramérica, cuyas hojas ya masticaban los incas para aprovechar sus propiedades estimulantes y vencer el cansancio. Es conocido el poderoso efecto de estimulación que influye sobre el sistema nervioso central y la sensación de euforia y energía ilimitada que produce.

Se dice que ayuda al hombre a mantener la erección y a controlar la eyaculación. Puede utilizarse por ingestión o bien por aplicación directa en los genitales. Pero, igual que las sustancias de las que damos noticia en este apartado, la cocaína provoca adicción física y sobre todo psíquica y produce envejecimiento prematuro, alteraciones nerviosas...

Opio

Es la sustancia extraída de una planta llamada adormidera. Relaja la mente y el cuerpo y estimula la libido. Se empleaba en la antigua Grecia con fines curativos y su uso ha sido constante en las más diversas culturas. No obstante, su consumo prolongado puede llegar a debilitar la potencia sexual y producir complicaciones para la salud en general.

Marihuana

Sobran las presentaciones: la marihuana es famosa por sus efectos estimulantes y relajantes sobre la mente y el cuerpo, y por su capacidad desinhibitoria. Su uso se remonta a la India, mil años antes de Cristo. Sin embargo, no podemos olvidar la polémica sobre las virtudes que unos le atribuyen y los posibles efectos nocivos de esta sustancia.

Alcohol

A diferencia de las anteriores, el alcohol es una droga legal, con gran implantación social, asociada a situaciones cotidianas y tolerada culturalmente. Se bebe en las celebraciones de cualquier tipo: reuniones con amigos, para divertirse en el tiempo libre, y en casi todos los hogares siempre hay una botella, ya sea de vino o de otro licor más fuerte... Y, por supuesto, está relacionada con el sexo. Quién no recuerda la imagen de la cubitera donde se enfría una botella de champán en un encuentro romántico-sexual, preludio de los más deseables placeres entre las sábanas...

Si bien es cierto que consumido en cantidad moderada, el alcohol desinhibe, relaja y estimula, mientras que tomado en exceso puede producir el efecto contrario: disminución de la libido, irritación, impotencia...

La moderación y el consumo inteligente se imponen, pues, como los mejores consejos.

Vitaminas, minerales... y sexo

Las vitaminas y los minerales son, sin duda, los mejores afrodisíacos naturales. En efecto, previenen la esterilidad, y son imprescindibles para la producción de hormonas sexuales. No estimulan la libido por sí mismos, pero su carencia sí causa una disminución del deseo sexual.

Analizaremos brevemente las vitaminas y minerales más directamente relacionados con el rendimiento sexual:

Las vitaminas
Vitamina A
Previene la esterilidad, la impotencia y la frigidez, conserva el tejido de los testículos y potencia la producción de esperma. Se encuentra en espinacas, huevos, leche zanahoria, maíz...

Vitamina B
Estimula las glándulas sexuales e interviene de forma decisiva en la producción de testosterona. Esta vitamina se obtiene consumiendo almendras, lentejas, naranjas, soja, trigo, entre otros.

Vitamina C
Actúa directamente contra el agotamiento y, por ende, contra la falta de deseo sexual. Algunos alimentos ricos en vitamina C son los cítricos, las fresas, los pimientos y la col.

Vitamina E
Es imprescindible para la reproducción e impide la degeneración de los órganos sexuales masculinos. Se encuentra en variados alimentos: cacao, girasol, judías verdes, mantequilla, nueces, olivas...

Minerales
Veamos cuáles son los minerales más importantes en el territorio sexual.

Fósforo
Los chinos lo consideraban un efectivo afrodisíaco. El fósforo genera la lecitina, útil contra la apatía sexual y los trastornos nerviosos.

¿Dónde encontrarlo? En almendras, avellanas, ajo, pescado, yema de huevo, por ejemplo.

Zinc

Es fundamental en la producción de semen; ayuda en el tratamiento de la esterilidad y en los problemas de próstata. Se halla en guisantes, huevos, judías, levadura de cerveza, setas, etcétera.

Hierro y cobre

Son imprescindibles para la producción y la asimilación de la hemoglobina; ayudan a mantener la energía y previenen la apatía sexual.

El erotismo de los aromas

Si te fijas por un momento en un animalito, verás que uno de los sentidos que tiene más desarrollado es el del olfato. Cuando un perrillo es llevado a un lugar por primera vez, se toma un tiempo para olerlo por completo y poder así situarse, y si se acerca a alguien, lo reconocerá de inmediato por su olor. Quizá la evolución sea la causante de la pérdida de agudeza olfativa en el ser humano, pero es innegable la importancia de este sentido en determinados aspectos de nuestra conducta.

El olfato no es imprescindible para la supervivencia de la especie humana, pero sí influye poderosamente en el terreno de las relaciones personales. Las normas de comportamiento social nos sumergen de lleno en un ambiente donde la imagen es objeto de culto. Debemos exhalar un olor que resulte agradable a nuestros semejantes, de ahí la costumbre de intentar eliminar el olor corporal propio utilizando desodorantes y colonias. Ahora bien, si reflexionamos un poco sobre nuestra memoria olfativa, encontramos que el olor de nuestra pareja, lejos de resultarnos desagradable, nos atrae y nos provoca la necesidad de acercarnos a ella.

Según algunos investigadores, el beso nació de la necesidad de reconocer al ser amado por su olor. Y es que algo sobrevive en nosotros desde nuestros más remotos antepasados: el olfato, quizás el más primario e irracional de nuestros sentidos, provoca sensaciones, trae recuerdos quizá muy lejanos en el tiempo.

Desde el poder de las feromonas, que determina la época de celo en los animales, hasta la publicidad de los perfumes asociados a la seducción y a la belleza, multitud de situaciones nos hacen valorar la importancia que pueden tener los aromas en la vida humana.

Una ciencia antigua que ahora hemos recuperado, la aromaterapia, se ocupa de estudiar los aromas de las plantas y sus esencias para el tratamiento natural de trastornos físicos y emocionales. En el terreno sexual tampoco se queda al margen y entre los aceites esenciales de mayor efecto podemos citar la agrimonia, que elimina falsos pudores, y el manzano silvestre, que contribuye a modificar la visión del sexo como algo sucio.

¿Quieres un buen consejo? Regálale un buen perfume a tu compañera y haz lo mismo contigo; llena la bañera de sales aromáticas y perfuma la habitación con la exótica fragancia oriental del sándalo... con estos preparativos habrás creado el ambiente mágico perfecto para un encuentro amoroso inolvidable.

Cocina erótica:
seducir a través de la gastronomía

Una de las herencias que las madres dejaban a sus hijas era el secreto para conquistar a un hombre: el estómago. Si para ellas funciona, ¿por qué no va a ser válido al revés?

Si decides preparar una deliciosa cena donde hacer uso de tus conocimientos culinarios y en materia de afrodisíacos, no puedes olvidarte de crear el ambiente adecuado.

La seducción previa sería como el aperitivo de un exquisito menú: la mesa adornada, una luz intima y acogedora, la música suave, y, lo que es más importante: demostrar a la pareja interés por ella. Nadie permanece indiferente ante la sorpresa de una cena, preparada por la persona amada, con el deseo de procurar placer... en los más diversos sentidos.

Aquí te dejamos unas sencillas recetas, que no precisan de una elaboración complicada. Todos los ingredientes están calculados para dos personas.

Para llenarse de energía...

Infusión de ginseng y jengibre
Prepara una infusión con 50 gramos de raíz de ginseng, 20 gramos de raíz de jengibre y añade $^1/_2$ litro de agua. De sabor un tanto fuerte, puedes endulzarla con miel.

Albaricoques al estilo chino
Ingredientes
4 albaricoques
jalea real

Coge cuatro albaricoques deshuesados y jalea real, pásalos por la licuadora. Sirve a continuación.

Elixir del paraíso

Ingredientes
$^1/_2$ kilo de zanahorias
1 tallo de apio
1 limón
1 rama de perejil
1 pomelo
una pizca de sal

Bate las zanahorias, el apio y el perejil; añade el zumo del limón y del pomelo. Tómalo bien frío.

Ron excitante

Ingredientes
$^1/_2$ tableta de chocolate sin leche
4 cucharadas de azúcar
$^1/_2$ taza de agua
$^1/_2$ taza de leche entera
ron
sal
azúcar
canela

Coloca en un cazo el chocolate, el azúcar, la sal y el agua y caliéntalo hasta que el chocolate se deshaga, y mezcla bien todos los ingredientes. Añade la leche caliente y espera hasta que rompa a hervir; retira todo del fuego. Vierte un poco de ron en dos copitas y termina de llenarlas con la mezcla de chocolate.

Las especialidades más tentadoras

Sopa fría de tomate
Ingredientes
2 vasitos de zumo de tomate
1 rama de apio, picada fina
1 rábano
1 cebolla, picada fina
salsa tabasco
sal

Deja en la nevera el zumo de tomate para que esté frío. Corta el apio y el rábano en rodajitas muy finas. Pica una cebolla muy fina y échalo todo en el zumo. Condimenta con tabasco y sal a tu gusto.

Sopa de pepino y yogur
Ingredientes
1 pepino
$^1/_2$ litro de yogur
1 diente de ajo
1 cucharada de aceite de oliva
azúcar, sal y pimienta
1 cucharada de eneldo
$^1/_2$ cucharada de menta picada

Pela el pepino y mézclalo con los condimentos y las hierbas. Vierte el yogur y tritúralo todo. Deja enfriar en la nevera un rato antes de servir.

Calabacines con huevos
Ingredientes
3 calabacines

20 gramos de mantequilla
2 huevos
queso rallado
sal
pimienta

Corta los calabacines en rodajas y ponlos a hervir durante unos minutos. Escúrrelos y colócalos en una fuente. Pon una sartén en el fuego para derretir la mantequilla y viértela por encima del calabacín. Coloca los huevos en el centro, sazona con sal y pimienta y espolvorea con el queso rallado. Mételo en el horno durante siete minutos y sírvelo inmediatamente.

Espárragos provocativos

Ingredientes
200 gramos de puntas de espárragos
4 cucharadas de vino
4 cucharadas de aceite de oliva
1 cucharada de salsa Perrins
$^1/_2$ cucharada de mostaza
sal
pimienta

Coloca las puntas de espárragos en un fuente. Mezcla el resto de ingredientes hasta obtener una salsa fina y viértela por encima. Se sirve bien frío.

Cebollas de la seducción

Ingredientes
2 cebollas
$^1/_2$ diente de ajo picado

una rama de apio
migas de pan secas
1 cucharada de vino blanco
1 cucharada de queso rallado
sal y pimentón
mantequilla para el molde

Pela las cebollas y ponlas a hervir en agua salada durante diez minutos. Escúrrelas y pásalas bajo el chorro de agua fría. Vacía las cebollas reservando la pulpa para picarla. Saltea el apio y el ajo y añade la pulpa picada de las cebollas, las migas de pan, el queso, el vino, el pimentón y la sal. Mezcla todo bien y rellena las cebollas con el preparado. Finalmente, hornea durante unos veinte minutos.

Postres de la pasión

Plátanos de placer
Ingredientes
2 plátanos
helado de vainilla
2 cucharadas de nueces picadas
nata montada
20 gramos de chocolate
1 cucharada de agua caliente
esencia de vainilla
50 gramos de azúcar

Corta los plátanos por la mitad, a lo largo, colócalos en una fuente honda y distribuye sobre ellos el helado de vainilla. Cubre todo con nata y espolvorea con las nueces.

En un recipiente aparte, funde el chocolate al baño maría. Cuando esté derretido, añade el azúcar y caliéntalo a fuego lento hasta que el azúcar se disuelva por completo.

Retira del fuego y añade la esencia de vainilla. Vierte la salsa sobre los plátanos y sírvelo inmediatamente.

Higos con nata

Ingredientes
4 higos maduros
1 cucharada de nata montada
1 copita de licor de menta
3 cucharaditas de azúcar
1 ramita de menta

Mezcla bien la nata, el azúcar y el licor de menta, y deja enfriar la mezcla en la nevera. Cuando esté bien fría, añádele unas hojitas de menta picadas muy finas.

Pon la crema en dos copas grandes y coloca en ellas los higos abiertos por la mitad.

Peras al chocolate

Ingredientes
4 peras
250 gramos de azúcar
1 trozo de raíz de jengibre
250 gramos de chocolate sin leche

Pela las peras con cuidado para no arrancarles el rabito. Hiérvelas con el azúcar y el jengibre hasta que se ablanden. Retíralas y déjalas enfriar. Funde el chocolate al baño maría, cubre las peras con él y sírvelo inmediatamente.

Conclusión

Aquí concluye un libro destinado a hombres maduros, como tú, inquietos y deseosos de hacer de su vida sexual algo cada vez más placentero. Hombres que piensan que el paso de los años les aporta madurez y serenidad y que no se obsesionan con el recuerdo de épocas pasadas, más vitales pero también más inexpertas. Son hombres que disfrutan del placer de sentirse bien, y que quieren disfrutar de lo que la vida les ofrece hoy, al máximo.

Llegados a este punto, es bueno que reflexiones un momento. Quizá puedas contestar unas sencillas preguntas que te ayudarán a conocer qué te ha aportado este libro, si te ha resultado útil para mejorar tu vida sexual:

* ¿Ha variado la forma en que te ves ahora a ti mismo?

Si tienes una relación:

* ¿Ha cambiado en algo?
* ¿Cual ha sido la experiencia que has tenido con tu pareja a lo largo del proceso?
* ¿Has descubierto algo que hasta ahora creías imposible y que sin embargo puedes realizar?

Ya hemos insistido en ello a lo largo de estas páginas, pero déjame que te lo recuerde una vez más: no hay misterios irresolubles o cimas imposibles de alcanzar. Práctica, constancia, voluntad e ilusión por mejorar tu vida sexual es todo lo que necesitas para ser un hombre nuevo. ¡Adelante y disfruta de tu madurez como de una segunda juventud!

Direcciones de interés

A continuación te relacionamos las coordenadas de especialistas en América Latina y en España, que eventualmente pueden servirte de ayuda.

Psicólogos

Argentina

- **Colegio de Psicólogos de la Provincia de Buenos Aires** • Calle 8 No. 835, 7º Piso, Of. 16 • La Plata, Provincia de Buenos Aires • Tel.: 21 11 07, 82 87 70 • http://www.psinet.com.ar/colpsi.htm
- **Asociación Psicoanalítica Argentina** • Rodríguez Peña 1674 • 1021 Capital Federal • Tel.: 812 35 18, 814 07 57, 814 32 17 • Fax: 814 00 79 • Correo electrónico: apainfo@pccp.com.ar

Chile

- **Colegio de Psicólogos de Chile** • Bustamante N.º 250 - Dpto. H. • Santiago • Tel.: 635 32 69 • Fax: 6353269 • http://www.cmet.net/profesional/sicologo.htm

España

- **Colegio Oficial de Psicólogos:** Secretaría Estatal: C/ Claudio Coello 46, 2º, Derecha • 28001 Madrid •

Tel.: 91 435 52 12, 91 431 85 71 • Fax: 91 577 91 72 •
Correo electrónico: secop@correo.cop.es • http://www.cop.es/

- ◆ Andalucía Occidental (Sevilla, Cádiz, Córdoba, Huelva
  y Ceuta): C/ Carlos de Cepeda 2, 2ª • 41005 Sevilla •
  Tel.: 95 466 30 76 • Fax: 95 465 92 37 • Correo electrónico:
  dsevilla@correo.cop.es
- ◆ Andalucía Oriental (Granada, Jaén, Málaga, Almería y
  Melilla): C/ Buen Suceso 9, 1º, Of. 8 • 18002 Granada •
  Tel.: 95 826 32 01 • Fax: 95 826 76 74 • Correo electrónico:
  dgranada@correo.cop.es
- ◆ Aragón (Zaragoza, Huesca y Teruel): C/ San Vicente de Paúl 7 •
  50001 Zaragoza • Tel.: 97 620 19 82 • Fax: 97 629 45 90 •
  Correo electrónico: daragon@correo.cop.es
- ◆ Asturias: C/ Ildefonso Sánchez del Río 4, 1º, B • 33001
  Oviedo • Tel.: 98 528 57 78 • Fax: 98 528 13 74 • Correo
  electrónico: dasturias@correo.cop.es
- ◆ Baleares: C/ San Miguel 30, 3º, L • 07002 Palma
  de Mallorca • Tel.: 97 172 43 24 • Fax: 97 172 08 47 • Correo
  electrónico: dbaleares@correo.cop.es
- ◆ Cantabria: C/ Atilano Rodríguez 4, 1.ª, P 8 • 39002
  Santander • Tel.: 94 231 05 06 • Fax: 94 231 05 06 •
  Correo electrónico: dcantabria@correo.cop.es
- ◆ Castilla-León (Valladolid, Burgos, Soria, Segovia,
  Palencia, León, Avila, Zamora y Salamanca):
  C/ García Morato 39, 1.º • 47006 Valladolid •
  Tel.: 98 327 32 47 • Fax: 98 347 83 62 • Correo electrónico:
  dcleon@correo.cop.es
- ◆ Castilla-La Mancha (Guadalajara, Cuenca, Toledo, Ciudad
  Real y Albacete): C/ Martínez Villena 14, 2.º, Derecha •
  02001 Albacete • Tel.: 96 721 98 02 • Fax: 96 752 44 56 •
  Correo electrónico: dcmancha@correo.cop.es

- Euskadi: C/ Rodríguez Arias 5, 2.ª Planta • 48008 Bilbao • Tel.: 94 479 52 70 • Fax: 94 479 52 72 • Correo electrónico: deuskadi@correo.cop.es
- Extremadura: C/ Almonaster la Real 1, 1° D • 06800 Mérida • Tel.: 92 431 76 60 • Fax: 92 431 20 15 • Correo electrónico: dextremadu@correo.cop.es
- Galicia: C/ Rua da Espiñeira 10, Bajo • 15706 Santiago de Compostela • Tel.: 98 153 40 49 • Fax: 98 153 49 83 • Correo electrónico: dgalicia@correo.cop.es
- Madrid: C/ Cuesta de San Vicente 4, 5.ª y 6.ª • 28008 Madrid • Tel.: 91 541 99 98, 91 541 99 99, 91 541 85 04 • Fax: 91 547 22 84, 91 559 03 03 • Correo electrónico: dmadrid@correo.cop.es
- Murcia: C/ Antonio de Ulloa 8, Bajo, Ed. Nevela Bloque 1 • 30007 La Flota - Murcia • Tel.: 96 824 88 16 • Fax: 96 824 47 88 • Correo electrónico: dmurcia@correo.cop.es
- Navarra: C/ Monasterio de Yarte 2, Bajo Trasera • 31011 Navarra • Tel.: 94 817 51 33 • Fax: 94 817 53 48 • Correo electrónico: dnavarra@correo.cop.es
- País Valenciano: C/ Compte D'Olocau 1 • 46003 València • Tel.: 96 392 25 95 • Fax: 96 315 51 15 • Correo electrónico: dpaisvalen@correo.cop.es
- La Rioja: C/ Vélez de Guevara 53, 1.° Oficina 3 • 26005 Logroño • Tel.: 94 120 84 30 • Fax: 94 121 05 30 • Correo electrónico: drioja@correo.cop.es
- Las Palmas: C/ Juan M. Durán 47, 1.° • 35010 Las Palmas de Gran Canaria • Tel.: 92 822 72 35 • Fax: 92 822 72 35 • Correo electrónico: dpalmas@correo.cop.es
- Tenerife: Callao de Lima 62 • 38002 - Santa Cruz de Tenerife • Tel.: 92 228 90 60 • Fax: 92 229 04 45 • Correo electrónico: dtenerife@correo.cop.es

- **Col·legi Oficial de Psicòlegs Catalunya** (COPC) • Gran Via de les Corts Catalanes 751, 2.°, 1.ª, A • 08013 Barcelona • Tel.: 93 247 86 50 • Fax: 93 247 86 54 • http://www.copc.org/
- **Sociedad Hispano Americana de Psicología Aplicada (Hispamap)** • Madrid • Tel.: 667 21 97 36, 619 55 93 14 • http://www.netvision.es/zor/

Sexólogos

Argentina
- **Sociedad Argentina de Sexualidad Humana** • Paraguay 4215 • Capital Federal (1425) • Tel.-Fax: 833 48 44 • Correo electrónico: sash@inea.net.ar • http://www.sasharg.com.ar/

Colombia
- **Sociedad Colombiana de Sexología** • http://www.fungamma.org/congreso6.htm

España
- **Asociación Española de Especialistas en Sexología** • Motril • Tel.: 95 860 08 02
- **Asociación Española de Especialistas en Sexología** (AEES) • C/ Serpis 8, Porta 2, E • 46021 Valencia • Tel.: 96 369 13 93 • Fax: 96 360 78 91
- **Asociación Española de Sexología Clínica** • Madrid • Tel.: 91 448 93 27
- **Asociación Sexológica de Granada** • Granada • Tel.: 95 828 91 85
- **Asociación Sexológica Garaia** • Bilbao • Tel.: 94 446 10 05

- **Asociación Sexológica Sevillana Belerofonte** • Sevilla •
  Tel.: 95 457 45 92
- **Centro Andaluz de Estudios Sexológicos** (CAES) • Granada •
  Tel.: 95 825 80 32
- **Centro Gestalt** - Psicología - Sexología - Medicina •
  Benidorm - Alicante • Tel.: 96 680 08 57
- **Cepteco** • León • Tel.: 98 726 15 62
- **Escuela Española de Terapia Reichiana** • Valencia •
  Tel.: 96 372 73 10
- **Grupo Abierto de Estudios Sexológicos** • Madrid •
  Tel.: 96 326 45 93
- **Instituto Andaluz de Sexología** • Málaga •
  Tel.: 95 260 28 28
- **Institut de Sexologia de Barcelona** • C/ Urgell 83, Ppal, 2.ª •
  08011 Barcelona • Tel.: 93 453 17 46 • Fax: 93 453 17 62 •
  http://www.lasguias.com/isbarna2/
- **Instituto de Sexología y Psicoterapia Espill** • Valencia •
  Tel.: 96 369 13 93
- **Instituto de Sexología** • Málaga • Tel.: 95 260 10 16
- **Instituto de Terapia de Reencuentro** • Valencia •
  Tel.: 96 355 40 24
- **Itaka** • Centro de Estudios de Género y Educación Sexual •
  La Laguna - Tenerife. Tel.: 355 40 24
- **Seminario Permanente de Educación no Sexista** •
  Alhaurin de la Torre - Málaga • Tel.: 95 241 26 85
- **Sociedad Galega de Sexología** • Santiago •
  Tel.: 98 138 55 85
- **Sociedad Malagueña de Sexología** • Málaga •
  Tel.: 95 260 07 56
- **Sociedad Sexológica de Almería** • Almería •
  Tel.: 95 127 24 01

- **Sociedad Sexológica de Castilla-León** • Burgos • Tel.: 94 727 79 33
- **Sociedad Sexológica de Madrid** • Madrid • Tel.: 91 522 25 10
- **Societat Catalana de Sexologia** • Acadèmia de Ciències Mèdiques de Catalunya i Balears • Passeig de la Bonanova 47, E • 08017 Barcelona • Tel.: 93 784 31 55 • http://www.acmcb.es/members/show.asp?codi=49
- **Federación Española de Sociedades de Sexología (FESS)** • C/ Serpis 8, Porta 2, E • 46021 Valencia • Tel.: 96 369 13 93 • Fax: 96 360 78 91
- **Asociación Estatal de Profesionales de la Sexología (AEPS)** • C/ Juan de Juan 3, 3.º, B • 47006 - Valladolid • Tel.: 98 326 47 29 • Fax: 98 331 05 34

México

- **Instituto Mexicano de Sexología** • Tepic 86 Colonia Roma Sur • México D. F. 06760 • Tel.-Fax: 564 28 50 • Correo electrónico: Consultas: consultas@imesex.edu.mx • Difusión: difusion@imesex.edu.mx • http://www.imesex.edu.mx/

Bibliografía

En inglés

Anand, M., *The Art of Sexual Ecstasy*, Jeremy P. Tarcher Inc., Los Angeles (California), 1989.

Barbach, L., *For Yourself: The Fulfillment of Female Sexuality*, Dobleday and Company, Nueva York, 1975.

Brauer, A. y D. Brauer, *ESO (Extended Sexual Orgasm)*, Warner Books, Nueva York, 1983.

Carter, S. y J. Sokol, *What Really Happens in Bed*, Evans, Nueva York, 1988.

Danoff, D., *Superpotency*, Warner Books, Nueva York, 1993.

Dunn, M. y J. Trost, «Male Multiple Orgasms: A Descriptive Study», *Archives of Sexual Behavior*, 18 (5), 1989: 377- 387.

Eichel, E. y P. Nobile, *The Perfect Fit: How to Achieve Mutual Fulfillment and Monogamous Passion Through the New Intercourse*, Donald I. Fine, Nueva York, 1991

Hartman, W. y M. Fithian, *Any Man Can*. St. Martin's Press, Nueva York, 1984.

Keesling, B., *Sexual Pleasure*, Hunter House, Alameda (California), 1993.

Kennedy, A. y S. Dean, *Touching for Pleasure. A Guide to Sensual Enhancement*, Chatsworth Press, Chatsworth (California), 1986.

Kinsey, A., W. Pomeroy y C. Martin, *Sexual Behaviour in the Human Male*, W. B. Saunders Company, Filadelfia, 1948.

Ladas, A., B. Whipple y J. Perry, *The G Spot and Other Recent Discoveries About Human Sexuality*, Dell Publishing Co. Inc., Nueva York, 1982.

Montagu, A., *Touching: The Human Significance of the Skin*, 3a. ed., Harper & Row, Nueva York, 1986.

Penney, A., *How To Make Love To a Man (Safely)*, Carol Southern Books, Nueva York, 1993.

Ramsdale, D. y E. Ramsdale, *Sexual Energy Ecstasy: A Practical Guide to Lovemaking Secrets of the East and West*, 9a. reimpresión, Peak Skill Publishing, Playa del Rey (California), 1990.

Robbins, M., y G. Jensey, «Multiple Orgasm in Males», *The Journal of Sex Research*, 14 (1), 1978: 21-26.

Schwartz, B., *The One Hour Orgasm*, Breakthru Publishing, Houston (Texas), 1989.

Thornton, J., «Multiple Orgasm», *Self*, mayo 1992: 158-161.

Zilbergeld, B., *The New Male Sexuality*, Bantham Books, Nueva York, 1992.

En castellano

Anand, Margo, *La senda del éxtasis*, Martínez Roca, Barcelona.

Barbach, Lonnie, *Placeres*, Martínez Roca, Barcelona, 1995.

Comfort, Alex, *La alegría del sexo*, Grijalbo.

Friday, Nancy, *Mi jardín secreto*, Ediciones B, Barcelona, 1993.

Harding, Esther, *Los misterios de la mujer*, Obelisco, Barcelona.

Hite, Shere, *El informe Hite*, Plaza & Janés, Barcelona, 1996.

Informe Hite sobre la familia, Paidós Ibérica, Madrid, 1995.

Johnson, Robert A., *Acostarse con la mujer celestial*, Obelisco, Barcelona, 1997.

Ladas, *El punto* G, Grijalbo.

Maltz, Wendy, *El mundo íntimo de las fantasías sexuales femeninas*, Paidós Ibérica, 1998.

Nelson, James B., *La sexualidad y lo sagrado*, Desclee de Brouwer, España, 1996.

Qualls-Corbett, Nancy, *La prostituta sagrada*, Obelisco, Barcelona, 1997.

Rush, *Descifra los mensajes del cuerpo*, EDAF, Madrid.

Tavris, Carol, *La valoración de las mujeres*, Planeta, Argentina.

Wang-Puh Wei, *El masaje erótico chino*, Océano Ámbar, Barcelona, 2000.

Wells, Carlol G., *Creatividad sexual*, Robin Book, Barcelona.